O VOO DA ÁGUIA

Léo Artese

O VOO DA ÁGUIA

Uma iniciação aos mistérios
e à magia do xamanismo

3ª edição atualizada

AJNA

*Para Léozinho e Christiane,
que me inspiram a prosseguir
no caminho do sagrado.*

AGRADECIMENTOS

Agradeço a meus pais, Léo Albuquerque Artése e Nair Botossi Artése, pelo esforço da criação e por acreditarem em meu voo. À minha querida irmã Neusa pela torcida. Aos meus irmãos da Associação Lua Cheia e aos irmãos do Centro Eclético da Fluente Luz Universal Céu da Lua Cheia, agradeço pelo incentivo e pela confiança. Não poderia esquecer do amigo Otávio Leal, que propiciou o meu contato com o público.

Recordações
(Hino canalizado)

*Trago comigo profundas recordações,
doces lembranças que chegam com tanto amor,
e as tristezas que tive foram dores e ensinos
que me levaram a transformações.*

*Nesta escola da vida eu aprendi a
avaliar meus talentos e imperfeições
e a tornar leve a vida, cicatrizar as feridas
e sempre reconhecer meu valor.*

*Minha missão para sempre eu vou seguir,
com Deus eu sigo contente o meu viver.
Vou com Fé no meu destino, firme, sigo meu
caminho e com a força do amor vou vencer.*

NOTA À TERCEIRA EDIÇÃO

Desde o lançamento deste livro, em 1996, já se passaram quase três décadas. Enquanto escrevo estas palavras sobre as atualizações feitas nesta terceira edição, me recordo de alguns eventos ocorridos nesse período. Assistimos à aurora de um novo milênio e de um novo século. A tecnologia se agigantou e dominou a nossa vida. O mundo passou por uma pandemia. Desafios e decepções surgiram pelo caminho, estimulando novas conquistas e o acesso a outras dimensões. O tempo pintou meus cabelos de branco, me trazendo novos ensinos e uma percepção diferente sobre a vida, a espiritualidade e a Mãe Terra. A roda do tempo girou, transformando meu amor pelo xamanismo.

Na dança das estações, enquanto é inverno no hemisfério norte, é verão no sul. As estações do ano se alternam e, respeitando essa lógica, devemos caminhar na roda da vida de acordo com as condições ambientais de cada hemisfério. Destaco isso porque nas duas edições anteriores do livro a roda medicinal tinha o hemisfério norte como referência, mas a partir de 2003 passei a fazer a roda girar de acordo com a realidade do hemisfério em que vivemos. Pude compreender, então, que estar em conformidade com as estações do ano é uma das chaves para se andar em equilíbrio na Mãe Terra. Diante disso, fiz uma importante atualização nesta nova edição, em que a roda medicinal passa a ter o hemisfério sul como referência. Sendo assim, se antes aqui no sul havia um norte para nos nortear, agora há um sul para nos *sulear*.

Amor, paz e luz!
Léo Artese

SUMÁRIO

PREFÁCIO 19
INTRODUÇÃO 25

1. O xamanismo 29
2. A iniciação 39
3. Os instrumentos de poder 53
4. Os animais de poder 69
5. A magia das plantas 87
6. As plantas de poder 111
7. A Terra, o Sol, a Lua, as estrelas 141
8. Os elementos – elementais e as quatro direções 169
9. As rodas 193
10. As zonas cósmicas e os vórtices de energia 219
11. Os símbolos, as imagens e os amuletos 233
12. Os anjos e o xamanismo 243
13. A águia 249

POSFÁCIO 255
GLOSSÁRIO 263
SOBRE O AUTOR 277
BIBLIOGRAFIA 281

FIGURAS

1. Xamã do povo siberiano Tungue com chifres e tambor ritual 30
2. Um *noaidi*, xamã do povo Sámi, do norte da Europa, com um tambor oracular 53
3. Xamã da península de Kamchatka, extremo oriente da Rússia, com tambor cerimonial 55
4. Imagem da aura do dedo indicador do autor após um toque de tambor 57
5. Cachimbos sagrados usados em rituais xamânicos 59
6. *O feiticeiro*, arte rupestre encontrada na caverna de Trois-Frères, em Ariège, França 75
7. Expedição para a colheita do cipó *jagube* na Floresta Amazônica 120
8. Estrutura de uma Tenda do Suor 146
9. A roda medicinal do hemisfério sul 201

PREFÁCIO

O novo xamanismo
Um dos aspectos marcantes do século XX foi a crescente desilusão com as perspectivas de realização e crescimento pessoal oferecidas pela moderna civilização tecnológica. Em algumas poucas décadas o ser humano parece ter conseguido transcender quase todos os limites que milenarmente o haviam tolhido. A eletricidade, o motor de explosão, a eletrônica e a energia nuclear deram-lhe poderes até então considerados atributos dos deuses e semideuses. Através do cultivo da razão científica, o homem desencantou a natureza e julgou ter se tornado um mestre. Mas suas conquistas foram apenas parciais, e ele nunca conseguiu dominar o mistério da morte assim como somente postergou a doença e a decrepitude da velhice. Deixando intactas as principais fontes de sua inquietude existencial, as proezas tecnológicas do ser humano pouco serviram para elevar o seu coeficiente de felicidade. Seus sucessos parecem ter servido apenas para aguçar o apetite por novas conquistas,

num processo sem fim e no qual as perspectivas de satisfação tornam-se cada vez mais quiméricas.

Tendo perdido a antiga percepção de conexão com o meio circundante, o homem também perdeu a noção de quem era. A adoção do individualismo egocêntrico, especialmente exacerbado na atualidade, foi uma das maneiras com que ele tentou preencher seu vazio. Mas isso se mostra igualmente frustrante e até os ideais de amor romântico e da família nuclear, como fonte suprema de realização pessoal, parecem cada vez mais inatingíveis. Hoje uma das grandes fontes de sofrimento vem do vazio existencial experimentado como crise de identidade, um sentimento de não saber quem se é, de qual o sentido da vida.

Assim todos, indivíduos ou nações inteiras, se veem confrontados com a insegurança ou o desencanto da vida moderna. As maneiras de lidar com essa situação variam de acordo com as circunstâncias e as pessoas envolvidas. Alguns, mais bem aquinhoados, tentam apaziguar suas angústias através de diferentes modalidades de consumo. Outros, em situações políticas ou econômicas mais difíceis, passam a negar as conquistas da razão e dos valores humanistas e democráticos que as acompanharam e procuram reverter o quadro sociocultural para as condições primitivas de coesão grupal, não hesitando em empregar métodos de grande violência.

As barbáries nazistas ou de "limpeza étnica" nos Bálcãs são apenas exemplos mais extremados da brutalidade física perpetrada na afirmação de identidades raciais ou culturais.

    Mesmo entre os mais afortunados essas tendências se manifestam de formas mais sutis, mas igualmente perigosas, como quando grupos religiosos ou espiritualistas passam a proclamar as virtudes únicas de determinadas tradições, tidas como "puras", espezinhando outras que consideram sincréticas, mestiças ou deturpadas. Ignoram aí a natureza dinâmica de toda cultura, que torna falsa qualquer tentativa de preservar, congelar ou retomar tradições antigas, como se o passar do tempo não tivesse ocorrido e alterado inescapavelmente o contexto geral e o significado de cada um dos seus componentes.

    Na ânsia de encontrar maneiras de suprir essas carências profundas, ressurge, em regiões mais desenvolvidas tecnologicamente, um interesse pelas formas arcaicas de relação com o cosmos, buscando-se num passado idealizado, maneiras de o ser humano se sentir visceralmente conectado aos seus semelhantes e ao seu meio. Entre essas técnicas arcaicas de êxtase sobressai-se o xamanismo, provavelmente a primeira manifestação da busca espiritual humana e cujos traços remanescentes podem ser encontrados até hoje em quase todas as regiões.

    Em tempos remotos, os seres humanos, em situação de total fragilidade perante as forças da natureza e vivendo em temor dos seus próprios semelhantes, já que cada comunidade estava em constante estado de guerra com as vizinhas, recorriam aos préstimos de certos indivíduos para aliviarem a sua insegurança e darem um sentido ao caos de suas vidas. Numa época em que a sobrevivência dependia do uso astucioso da força física e da coesão interna das pequenas comunidades, estes personagens, os xamãs, eram primordialmente concebidos como guerreiros. Dotados de armas e poderes diferentes dos usuais lutavam contra os inimigos percebidos de seus povos, fossem eles humanos ou sobre-humanos.

Grandes conhecedores da psicologia humana e do poder da sugestão, os xamãs recorrem às mais variadas técnicas ritualísticas para despertar as importantes forças latentes no ser humano, como as de cura e regeneração. Para tanto, frequentemente provocavam estados de consciência alterada, algumas vezes somente para si, mas em outras permitindo que seus companheiros também os acompanhassem em suas viagens aos mundos espirituais. Nessas culturas orais, eram o receptáculo do conhecimento, os encarregados de lembrar os feitos dos antepassados. Também presidiam aos ritos de passagem quando, por exemplo, os jovens eram definitivamente incorporados à comunidade dos adultos ou quando os espíritos dos mortos tinham que ser contidos e despachados para uma outra realidade. As cerimônias que conduziam e os estados de transe que incitavam eram fontes de alento e renovação para suas comunidades, inspirando seus integrantes a terem coragem para enfrentar as dores e agruras da vida assim como seus inimigos.

Os xamãs tornavam-se, dessa forma, poderosos polos aglutinadores da consciência comunitária e serviam como referências fundamentais para a identidade grupal. Esta, porém, como todo sentimento de pertencimento, era de natureza contrastante, e a adesão a um grupo implicava automaticamente no rechaço a todos os outros.

Hoje, após séculos de desprezo e esquecimento, as técnicas empregadas pelos xamãs dos tempos arcaicos voltam a interessar. Seus conhecimentos da psique parecem oferecer importantes pistas para os modernos cientistas lidarem com alguns dos males da alma humana. Para muitos, a possibilidade que nos apresentam de uma retomada da consciência de integração do homem com a natureza, uma ressacralização do mundo, parece, também, ser a única esperança de evitar a série de catástrofes ecológicas que a cegueira imediatista de nossa civilização vem armando para si.

Estamos, porém, em outro patamar histórico. Não podemos ignorar as grandes conquistas da ciência. A própria tecnologia que tanto nos frustra também nos levou a conceber o nosso planeta como a "espaçonave Terra", um sistema integrado de recursos finitos. Nisso temos que conceber a humanidade como uma unidade, não sendo mais possível identificações exclusivistas com pequenas comunidades, concebendo todas as outras como inimigas. O desenvolvimento de nosso pensamento, de ciências, como a biologia ou a antropologia, não permite mais pensar em purezas. Nossa natureza mestiça é evidente a qualquer olhar mais isento. Identidades excludentes tornaram-se impossíveis e indesejáveis nas nossas sociedades complexas. Assim a retomada do xamanismo também deve se dar de maneira mais ampla e generosa. O alargamento de nossos horizontes torna inviável o antigo exclusivismo, e o xamã deve estar cônscio de sua responsabilidade para com toda a espécie humana e sua ética tem que se tornar universalista.

Esse é o caminho que Léo Artese nos aponta neste livro. Fazendo as conexões entre os conhecimentos esotéricos do Oriente e do Ocidente, Cabala e pajelança indígena, paganismo e ética cristã, este novo xamanismo aponta para um caminho espiritual alternativo ao consumismo estéril, mas evita cair na estreiteza dos horizontes e na xenofobia dos povos do passado.

Edward MacRae, antropólogo e
professor da Universidade Federal da Bahia.

INTRODUÇÃO

Quando eu era menino, certa noite fui despertado pela surpreendente visão de um enorme pássaro brilhante pousado nos pés da minha cama. A ave abriu as asas como se fosse levantar voo, e naquele instante eu mal pude respirar, fechei os olhos e me pus a gritar com vontade, até que minha mãe entrou no quarto para me salvar. Deduzimos que havia sido apenas um sonho, embora eu tivesse a certeza de estar acordado e de olhos bem abertos diante do pássaro que naquela ocasião me pareceu ser um pombo.

Tive uma infância normal, com as travessuras e brincadeiras próprias da idade, mas desde cedo fui atraído pelo sobrenatural, pelas religiões e pelos mistérios. Interessavam-me a leitura da Bíblia e os temas ligados à doutrina espírita, eu sentia a manifestação de fenômenos sobrenaturais e pressentia acontecimentos. Vindo de família espírita, na adolescência ganhei de papai o meu primeiro atabaque e então passei a tocar os pontos na sessão de umbanda realizada semanalmente em nossa casa.

Dotado de dons mediúnicos, Tio Cid iniciou o meu pai e foi também meu mestre nos mistérios da língua do santo, do candomblé e das oferendas. Ao longo dos anos caminhei por diversas linhas de trabalho espiritual, chegando até ao Ilê Axé do Opô Afonjá, em Cabula, tradicional terreiro de candomblé da Bahia.

Fiz estudos de ordens iniciáticas, de *kung fu*, tarô, *yoga*, runas, massagem oriental, cromoterapia, acupuntura, ervas medicinais, sem contar o material pesquisado em livros dos mais variados temas da Nova Era. Por fim, resumidamente, essa foi minha jornada de busca até encontrar o xamanismo. Hoje entendo o porquê dessa busca. Estava sendo preparado para reunir tudo o que eu tinha visto em uma única linguagem. Pude compreender que aquele pássaro em minha cama não era um pombo, e sim uma águia, meu animal guardião, que forma com o leão o meu reino animal. Fui então iniciado pelo universo da magia natural na prática mais ancestral deste mundo – o xamanismo.

Os ensinamentos dos nativos norte-americanos e peruanos, a tradição siberiana, os mateiros brasileiros e curandeiros me mostraram que o poder está dentro de cada um de nós. Com as ervas, as viagens xamânicas, os instrumentos de poder e os animais guardiões, aprendi que a cura é resultado da qualidade de nossas palavras, pensamentos e ações; da nossa harmonia com o Criador e sua Criação, sendo consequência da fé e do próprio merecimento. Estudando as plantas de poder, cheguei ao Centro Eclético da Fluente Luz Universal Raimundo

Irineu, entidade responsável pela doutrina do Santo Daime, onde então descobri o maior de todos os xamãs que já pisaram neste mundo — Jesus Cristo. A partir dessa descoberta, houve uma completa transformação em minha vida, em todos os níveis, na maneira de amar, de sentir, de compreender a mim mesmo e o mundo ao redor. Desse encontro com Jesus, pratico o que chamo de xamanismo cristão.

No Peru realizei trabalhos de *ayahuasca* com o xamã Mateo Arévalo, da tribo Shipibo, no interior da Amazônia peruana. Meu querido amigo e guia no Peru, Agustin, muito me ensinou sobre os incas, além de iniciar-me no ritual do *wachuma*, o cacto São Pedro. Destaco também Edwin Flores, da cidade de Cusco, no Peru, pela minha iniciação nos mistérios e na magia das folhas de coca. Viajando para o Céu do Mapiá, comunidade daimista da Floresta Amazônica, tive a oportunidade de conviver com pessoas de profundo conhecimento espiritual, tais como o Padrinho Alfredo Gregório, Valdete, Alex Polari, Aloísio Corrente, Pedro Dário e Daniel. Nos Estados Unidos, a benção para dirigir as cerimônias da Tenda do Suor e do Cachimbo Sagrado com o xamã Standing Coyote (Coiote em Pé), bem como a Cerimônia do Peiote com o navajo Melvin e a Dança do Sol com meu irmão espiritual John, aprofundou ainda mais a minha conexão com o caminho da beleza.

O xamanismo nos religa a uma fonte de sabedoria superior, conduzindo quem o pratica a descobrir sua missão e sua finalidade na vida. Além de compreender seu papel no Universo, o praticante de xamanismo aprende a ter respeito por si mesmo, pelos outros e por todas as suas relações. Ele percebe claramente que a sua vida é regida pela lei de equilíbrio da natureza presente nos reinos animal, vegetal e mineral. O xamanismo é a mais antiga prática espiritual, medicinal e filosófica da humanidade, que busca resgatar a nossa relação com o sagrado.

    O que você busca, leitor, está dentro de você e o conduziu à leitura deste livro. Acredite, você está bem próximo do seu objetivo. Bom voo!

- 1 -

O XAMANISMO

O xamanismo pode ser descrito como o conjunto de crenças, ritos e práticas ancestrais presentes em diversas sociedades humanas e centralizadas na figura do xamã, que estabelece contato com uma realidade oculta a fim de obter conhecimento, poder, equilíbrio e saúde para si mesmo e para as outras pessoas. A palavra "xamã" tem sua origem na Sibéria, vinda de *"saman"*, que na língua tungue significa "inspirado pelos espíritos". Esse termo foi adotado pelos antropólogos para se referir ao indivíduo com função de líder espiritual da comunidade, como curandeiros, feiticeiros e pajés, em sua mediação entre o mundo profano e a dimensão sagrada, através do transe místico e de seus poderes curativos e mágicos.

ORIGEM E PROPAGAÇÃO

O xamanismo é encontrado em diversas partes do mundo, como em vários países da América e da África,

FIGURA 1. Xamã do povo siberiano Tungue, com chifres e tambor ritual. Gravura em cobre feita a partir do desenho do explorador holandês Nicolaes Witsen, 1705. (Granger, NYC. Alamy Stock Photos)

na Austrália, na Sibéria, na China, no Tibete, na Índia, entre outros. A semelhança entre as práticas xamanistas no mundo todo é notável. Segundo estudiosos, o xamanismo remonta há pelo menos 20 mil anos, e sua origem tem suscitado algumas teorias:

- Vindos da Sibéria, os xamãs teriam emigrado durante as grandes glaciações, seguindo seus rebanhos de renas, passando pelo estreito de Bering e se espalhando pelos continentes.
- Surgimento espontâneo em diferentes locais, com a possibilidade de comunicação astral e telepática entre eles.
- Seriam os primeiros xamãs seres extraterrestres?

O PAPEL DO XAMÃ

O xamã pode ser um homem ou uma mulher. É o poeta, o mágico, o curandeiro, o conselheiro, o líder espiritual, o contador de histórias, e assim por diante. Sua principal especialidade está ligada aos processos de cura. Quando digo "cura", não me refiro apenas ao corpo físico, mas também ao mental, emocional e espiritual.

Para atingir seus objetivos, o xamã viaja por mundos que são invisíveis à realidade ordinária, recupera traços perdidos da alma de seus pacientes, conhece o funcionamento da energia universal, atinge estados alterados de consciência para obter orientação do mundo espiritual, utiliza o poder das pedras e das plantas, evoca seres elementais da natureza, utiliza instrumentos que lhe conferem poder, como círculos de energia, ou rodas medicinais, tambores, entre outros. Os xamãs são os verdadeiros guardiões da Mãe Terra, honram todas as formas de vida, trabalham com símbolos próprios de seu inconsciente e aprendem a interpretá-los para superar obstáculos. Nunca estão sozinhos, e sim acompanhados de seu espírito animal guardião e de seus espíritos auxiliares.

ESTADOS ALTERADOS DE CONSCIÊNCIA

O antropólogo norte-americano Michael Harner refere-se ao estado alterado de consciência (EAC) no xamanismo como estado xamânico de consciência (EXC), que envolve não apenas o transe, mas a capacidade de viajar na realidade incomum com o objetivo de se encontrar com o espírito de animais, plantas ou mentores. Os estados alterados de consciência incluem vários graus de transe. O psicólogo norte-americano Stanley Krippner chega a classificar vinte estados de consciência. O professor e cientista das religiões Mircea Eliade fala do êxtase, e o escritor e antropólogo Carlos Castañeda fala do *nagual*. Nirvana, *samadhi*, alfa, transe, *satori*, consciência cósmica e supraconsciência também são nomes para a mesma manifestação.

Por meio das práticas xamânicas conseguimos nos conectar com os nossos mitos, símbolos, a nossa verdade interior, e expandir a percepção para alcançar os mistérios que estão guardados dentro de nós. Aprendemos a sentir, a ver e a ouvir a energia. Nos religamos com o sagrado e com a fonte criativa de tudo o que nos acontece. Através da consciência ordinária não conseguimos alcançar os níveis profundos do nosso ser, seria como tentar sintonizar uma estação de frequência modulada (FM) usando um radinho AM. Existem diversas técnicas e rituais para se chegar a estados mais profundos de consciência, dentre eles destaco o som dos tambores, a dança, o jejum, as plantas de poder, a respiração e as posturas corporais, que serão explorados nos capítulos a seguir.

O XAMANISMO NA NOVA ERA

O xamanismo é a célula *mater* de todos os processos atuais da chamada Nova Era, que, na realidade, de novo tem apenas o nome, pois o que se vem fazendo é buscar respostas nas práticas ancestrais. O respeito pela ecologia e pelas condições ambientais, o reconhecimento do sagrado, a necessidade de expandir a consciência, a importância da vida espiritual, a ajuda ao próximo e a prática do amor universal são os preceitos filosóficos do xamanismo. Ele é considerado a célula *mater* porque dá origem a todas as práticas do Movimento Aquariano como, por exemplo, o uso de cristais e ervas medicinais, a radiestesia e radiônica, a energia das formas, mantras, posturas, as técnicas de visualização, bastões, danças, banhos, passes, imposição de mãos, o poder das palavras, os trajes ritualísticos, os quatro elementos da natureza (terra, fogo, ar e água) e as canalizações espirituais. Isso não significa colocar o xamanismo no pedestal das práticas atuais, e sim contextualizar historicamente o ritual religioso mais antigo da humanidade, e pontuar que as práticas oriundas do xamanismo tiveram continuação e expansão específicas. É indiscutível a influência do xamanismo nas grandes religiões como, por exemplo, o ritual da circuncisão no judaísmo; o batismo cristão, a iniciação de Cristo no deserto, sua morte e ressurreição, no cristianismo; as visões de Maomé, no islamismo; assim como os chacras e a busca de Buda pela iluminação, no budismo.

O xamanismo resgata a profunda conexão que há entre nós e a Terra, ensinando-nos a honrar todas as formas de vida, pois Deus está onde há vida. Compreendemos que todos os seres vivos possuem sua missão no plano universal, desde os insetos, os vegetais, os minerais e os animais, entre esses nós, seres de duas pernas, como dizem os ameríndios. Temos dificuldade de imaginar que tipo de missão teria um mosquito ou uma barata, porém nada está na Terra por acaso, quando termina o tempo de vida de uma espécie a própria natureza se encarrega de sua extinção, veja o exemplo dos dinossauros. Deus pode ser percebido nas diferentes formas de energia, por isso devemos considerar cada uma delas SAGRADA. Cada planta, cada pedra tem o poder de nos transmitir ensinamentos de cura. Podemos aprender a decifrar as mensagens que vêm dos ventos e reconhecer que fazemos parte de uma grande família universal, a Terra, nossa mãe, que nos nutre, nos sustenta, nos recebe a cada vida e nos acolhe a cada morte.

Diversas tradições xamânicas esperam pelo novo tempo que virá com o retorno dos antigos xamãs que, reencarnados em outros povos, de cultura, língua e cor de pele diferentes, irão transmitir a linguagem do amor universal e promover o nosso reencontro com o sagrado, para todos caminharmos em harmonia e equilíbrio na nossa Mãe Terra.

O verdadeiro poder está em nós, ele provém do desenvolvimento de nossos dons e pode ser chamado de Eu Superior, Cristo Interior, kundalini, poder mental etc. É importante reconhecer a centelha divina que recebemos por herança natural e saber como acessá-la. Qualquer que seja o caminho espiritual escolhido, é preciso confiar, ter fé e entregar-se para poder integrar-se. Não devemos temer a desilusão, pois a desilusão vem com a verdade. Quem desconfia não se desilude, mas também não aprende e não conhece a verdade. É necessário acreditar na existência de um Poder Superior que governa a lei de causa e efeito, e saber que quem busca a verdade com o coração aberto e a mente limpa eventualmente irá cair, mas jamais permanecerá no chão.

O reconhecimento do caminho da verdade vem da expansão da consciência pela introspecção, das experiências pessoais e da nossa ligação com o sagrado (*religare*) através da crença em um poder superior. No entanto, como podemos conhecer a verdade se falamos muito, mas ouvimos pouco; se queremos ensinar muito, mas praticamos pouco; e se recebemos muito, mas oferecemos tão pouco.

Na Idade de Ouro da humanidade o homem comunicava-se com os seres celestiais, com os espíritos da natureza e com as divindades. Com o passar das eras, em nome do progresso e do avanço da ciência, a humanidade foi se distanciando de sua essência espiritual. O verdadeiro *religare*, no entanto, está na união do sagrado com o avanço conquistado pelo homem por inspiração divina. Devemos respeitar e honrar todo ponto de vista, porém, sem nos desviar do caminho, deixando o julgamento a quem cabe julgar. Com passos lentos observamos e captamos mensagens verdadeiras que vêm apenas quando temos a mente calma e silenciosa, e o coração cheio de amor. Percorremos devagar o caminho, mas ansiosos por chegar.

Através do xamanismo devemos buscar nossa verdade na Criação Divina, o mapa do caminho está escrito em cada vegetal, na mudança das estações, nos portais de cada ponto cardeal, no movimento dos ventos, no comportamento e nos talentos de cada animal, nos registros contidos em cada rocha, na iluminação e no calor do sol, nas fases da lua e na trilha das estrelas. Para poder alcançar o Criador é preciso se harmonizar com a Criação. Praticando o xamanismo, eu encontro a senha que possibilita o meu caminhar no sagrado, para ressignificar a vida, enxergar com os olhos de uma criança, voar como a águia acima das nuvens escuras da ignorância, proteger como leão o meu espaço sagrado e abrir meu coração para o amor incondicional que o mestre Jesus nos ensinou.

Não somos vítimas das consequências, pois podemos construir o futuro a partir de pensamentos, palavras e ações. A árvore não cresce a menos que a semente seja lançada na terra. Se plantar um limoeiro, não espere colher maçãs; se a terra não for fecunda, prepare-a; e se estiver seca, regue-a. Nem toda planta cresce em qualquer solo, portanto não se deve plantar uma macieira no deserto a menos que seja em um oásis. Esteja sempre atento para que seu pomar não seja atacado por pragas. Considere se você precisa mesmo de uma macieira ou de outro tipo de árvore, e tenha consciência de que a árvore frutífera leva mais tempo que as outras para crescer e dar frutos. Não tenha pressa nem espere que algo caia do céu, conte apenas com aquilo que você plantou.

Por trabalhar na compreensão dos processos que acontecem na nossa vida o xamanismo possibilita um caminho de autoconhecimento. Por meio do mergulho profundo nas próprias sombras é possível analisar convicções e fortalecer a fé para, a partir disso, nos colocarmos a serviço das pessoas. O verdadeiro xamã é aquele que enfrentou as próprias sombras e mergulhou em seu inferno pessoal, em seus defeitos e inseguranças.

– 2 –

A INICIAÇÃO

Você já deve ter percebido que geralmente é necessário passar por momentos de crise para que, de fato, as pessoas mudem hábitos e costumes. Essas crises acontecem quando estamos agarrados a velhos padrões de comportamento. Sabemos que é preciso mudar, mas, por temer o novo e sentir mais segurança no que já é conhecido, permanecemos paralisados. Quando chegam as crises, temos a impressão de que o mundo acabou, enxergamos diante de nós apenas o sofrimento e o caos. Assim como passamos por momentos de transformação, a humanidade também passa. Muito do que se acreditava no passado já não faz mais sentido no presente. Isso é resultado da mudança de consciência da humanidade.

Olhe à sua volta, observe os outros. Você perceberá que todos sempre estão ocupados com questões a resolver. A dificuldade de transformar a vida se deve ao fato de sermos apegados a coisas e ideias. Quem se compromete com o caminho da transformação começa a mudar o mundo à sua volta. Esse caminho é desafiador e, em alguns momentos, árduo, mas seus resultados são gratificantes, pois aprendemos a expressar nosso potencial espiritual, a nos respeitar e nos honrar. Podemos começar o processo de transformação pelas pequenas coisas, e ir exercitando a mente para as grandes e necessárias transformações da vida.

Costumo brincar fazendo uma analogia entre o xamanismo e o nosso guarda-roupa, propondo a seguinte reflexão: abra seu armário e observe-o por alguns minutos. Veja todas as roupas que estão guardadas e anote quantas você não usa mais. Caso não tenha o que anotar, você já é um iniciado. A maioria de nós, porém, guarda muitas roupas, mas se prestar atenção perceberá que costuma usar sempre as mesmas. E por que fazemos isso? Talvez por acreditar que um belo dia vamos precisar delas. Algumas peças estão velhas e ultrapassadas, mas inconscientemente as mantemos pensando que um dia poderão voltar à moda. O tempo passa, e elas permanecem ali ocupando espaço e acumulando poeira, quando poderiam servir para alguém.

A acupuntura ensina que a dor é o excesso de energia concentrada num determinado ponto. É energia parada, sem movimento, sem fluência. Comparando nossa vida afetiva com o guarda-roupa, podemos pensar naquele relacionamento que toma espaço no nosso "armário emocional". Muitas vezes, mantemos uma relação sem amor e respeito por acreditar que somos incapazes de viver sem o outro ou que um belo dia a relação poderá melhorar. Por costume, por medo da solidão, para evitar conflitos familiares, a lista de justificativas para manter um vínculo insatisfatório é vasta. Ao preservar um relacionamento sem harmonia bloqueamos não apenas a nossa energia como a do nosso parceiro, pois ocupamos o lugar de alguém que poderia lhe fazer bem. Esse comportamento impede que a energia flua, sufoca a criatividade e o potencial de amor, além de dificultar o nosso caminhar na estrada da vida, gerando mais carma.

O exemplo do armário também se aplica à atividade profissional. Passamos grande parte da vida no trabalho, então se somos infelizes profissionalmente isso significa que somos infelizes a maior parte do tempo. Perceba que nosso guarda-roupa é o reflexo da nossa mente. Faça a energia fluir, reflita sobre o que está parado na sua vida pessoal e profissional. Você pode começar pelo seu armário. Retire tudo o que não usa mais. Desapegue-se, deixe a energia circular. Doe para quem precisa. Livre-se do que não é importante para você, pensando na importância que poderá ter para alguém. Comece a transformar a sua vida a partir do seu guarda-roupa e, em seguida, dedique-se às demais transformações necessárias para restabelecer a harmonia em tudo o que o cerca. Quando o seu armário estiver mais vazio, bastará apenas uma pequena arrumação de tempos em tempos.

O PODER DA PALAVRA

De acordo com o xamanismo, antes de usar as palavras devemos conferir poder a elas. Não há dúvida de que palavras de otimismo atraem vibrações positivas, mas para alcançar a eficácia não basta usar palavras positivas. É necessário impregnar as palavras de poder para extrair o potencial mágico delas, e o meio de se fazer isso é torná-las sagradas através da prática da verdade e da purificação. A mentira é um exemplo de como diminuímos o poder da palavra. Quando alguém mente e nós descobrimos, por mais belas e poéticas que sejam suas palavras, elas deixam de surtir efeito. As palavras devem vir acompanhadas da conduta. Toda vez que usamos a palavra para mentir reduzimos o seu poder. Mesmo que a mentira tenha o propósito de evitar magoar alguém, não importa, pois as vibrações da palavra se tornarão enfraquecidas.

Quando usamos a palavra para blasfemar, julgar o próximo, ironizar pessoas ou situações, estamos fazendo mau uso da palavra, e por isso ela perde seu poder. Quando damos nossa palavra, mas não a cumprimos, por qualquer motivo que seja, nós a enfraquecemos. O mesmo acontece com as palavras de baixo calão. Ao pronunciar uma palavra, emitimos energia para o Universo, toda energia tem movimento e tudo o que emitimos volta para o mesmo ponto, ou seja, o padrão de vibração emitido retorna com uma vibração semelhante para quem o emitiu, como se fosse um bumerangue. Seja, portanto, vigilante das palavras que você profere, refletindo que se valerem menos que o silêncio é preferível calar-se. Como as palavras emitem energia, quanto menos falarmos desnecessariamente mais energia e poder teremos ao pronunciá-las, isso implica que a sabedoria também pode vir do silêncio. A partir dessa reflexão, procure usar as palavras em todo o seu potencial sagrado, como nos mantras, nas orações, nos decretos, entre outros.

Prece dos nativos norte-americanos

Ó GRANDE ESPÍRITO,
cuja voz eu ouço nos ventos,
e cujo alento dá vida a todo mundo,
ouve-me! Sou pequeno e fraco
necessito de sua força e sabedoria.

DEIXA-ME ANDAR EM BELEZA
e faze meus olhos contemplarem sempre,
o vermelho e púrpura do pôr do sol.

FAZE COM QUE MINHAS MÃOS RESPEITEM AS
coisas que fizestes, e que meus ouvidos sejam aguçados
para ouvir a tua voz.
Faze-me sábio para que eu possa compreender

as coisas que ensinaste ao meu povo.
Deixa-me aprender as lições
que escondeste em cada folha, em cada rocha.
Busco força, não para ser maior que meu irmão,
mas para lutar contra meu maior inimigo – eu mesmo.

FAZE-ME SEMPRE PRONTO PARA CHEGAR A TI
com as mãos limpas e olhar firme
a fim de que, quando a vida se apagar
como se apaga o poente,
meu espírito possa chegar a TI
sem se envergonhar.

Prece do belo caminho

HOJE SAIREI A CAMINHAR.
Hoje todo o mal há de me abandonar.
Serei tal como fui antes.

TEREI UMA BRISA FRESCA A PERCORRER-ME O CORPO.
Terei um corpo leve.
Hei de ser feliz para sempre.
Nada há de me impedir.
Caminho com a beleza à minha frente.
Caminho com a beleza atrás de mim.
Caminho com a beleza abaixo de mim.
Caminho com a beleza acima de mim.
Caminho com a beleza ao meu redor.
Belas hão de ser as minhas palavras.

Carregando as palavras com iluminação
(Grupo Avatar)

Eu sou o silêncio, eu sou o silêncio, eu sou o silêncio.
Só falo quando é necessário.
Carrego cada palavra com amor e iluminação dos
Mestres Ascencionados.
Começo todos os dias com a bênção de minha própria
presença "I Am",
com amor, proteção e iluminação das legiões de luz.
Para cada vida com que diariamente entro em contato
eu demando iluminação; libertação e substituição de
todas as falsas aparências pela verdade.
Que assim seja / Amado eu sou.

A grande invocação

DO PONTO DE LUZ NA MENTE DE DEUS
que aflua luz à mente dos homens
que a luz desça à Terra.

DO PONTO DE AMOR NO CORAÇÃO DE DEUS
que aflua o amor ao coração dos homens.
Que Cristo retorne à Terra.

DO CENTRO ONDE A VONTADE DE DEUS É
    CONHECIDA
que o propósito guie a fraca vontade dos homens,
o propósito que os mestres conhecem e servem.

DO CENTRO A QUE CHAMAMOS A RAÇA DOS HOMENS
que se realize o plano de amor e luz
e que sele a porta onde habita o mal.
Que a luz, o amor e o poder
restabeleçam o plano divino sobre a Terra.

O PODER DO PENSAMENTO

Criamos o que pensamos. Pensando em alguém ou em algo, cria-se uma forma-pensamento que é passada para o Universo. Através da reza, os nativos passam o pensamento para as palavras com intensidade. Quando pensamos com emoção, partículas de forma-pensamento vão para o Universo e, na volta, atraem partículas do mesmo nível vibratório. Por sua grande carga de emoção, vibrações negativas, como o medo, a raiva e o ódio, materializam-se rapidamente, criando o sentimento de que nada dá certo em nossa vida. Como consequência, infortúnios acontecem ao mesmo tempo. Este é o segredo: o pensamento pode ser materializado. Por essa razão o desejo de paz, de beleza e de harmonia deve ser acompanhado por sentimentos de amor e fé, para rapidamente estarem a caminho da materialização. Em muitas tribos os pedidos são passados para o Universo pelo autossacrifício, quando se consegue a intensidade de emoção, a intenção e a sinceridade suficientes para que possam ser honrados.

Os xamãs pedem auxílio para seus guardiões espirituais na certeza de que suas preces serão ouvidas. Embora a filosofia possa variar de uma tribo para outra, os líderes espirituais reconhecem o poder através da humildade e da dedicação à oração, há uma noção geral da existência una com o Universo por meio do campo vibracional. Os nativos norte-americanos são pensadores pertencentes a uma essência espiritual muito efetiva, procurando viver o presente, sentindo a felicidade à sua volta e experimentando o agora. O pensamento é uma forma de prece porque libera energia, por isso devemos ser muito cuidadosos com o que pensamos. Precisamos ser guardiões de nossos pensamentos, sobretudo nos momentos de maior emoção, tirando das situações mais difíceis o aprendizado obtido. Diz o velho ditado popular: "Depois da tempestade, vem a bonança!".

Uma maneira efetiva de materializar o pensamento é através da imaginação. Ao imaginar vivenciamos a situação desejada com maior intensidade. Perceba que, antes de ser materializado, tudo foi imaginado: uma cadeira, uma casa, uma viagem, um carro, e assim por diante. Antes mesmo de Armstrong pisar na Lua, Júlio Verne já tinha ido e voltado várias vezes em seus livros. Somos "imagem e semelhança de Deus". Confie na imaginação. Imagine a situação desejada como se ela já tivesse acontecido, independentemente do seu nível de complexidade. Confie no Universo. Evite padrões de pensamento que projetam a conquista apenas no futuro, tais como: "Um dia chegarei lá", "Serei feliz", "Hei de vencer" ou "Vou conseguir". Com esse padrão, você sempre ficará na esperança de um dia que há de vir. Os pensamentos e as afirmações positivas devem espelhar a situação desejada no presente: "Eu estou lá", "Sou feliz", "Sou vencedor" ou "Eu consigo". Quando desejar a cura para uma enfermidade, evite reforçar os padrões da doença, por exemplo: "Eu estou curado da prisão de ventre", "Não tenho mais medo", "Minha mente não está mais confusa" ou "Espíritos zombeteiros não me perturbam mais". Em vez disso, substitua essas afirmações por: "Meus intestinos são saudáveis", "Sou corajoso", "Tenho clareza e discernimento" ou "Sou protegido pelo meu anjo da guarda".

Amor, paciência, sabedoria, fé e poder são virtudes que devem ser cultivadas em nosso pensamento e em nossas ações, a filosofia do pensamento positivo é bastante popular, porém poucos sabem colocá-la em prática. Para obter poder e vigor, devemos nos livrar de pensamentos indesejáveis. Uma das formas de fazer isso é repetir para si mesmo a palavra "pare". Quando perceber que seu pensamento está negativo diga a si mesmo: "Pare!", e observe o que está por trás desse padrão, talvez seja medo, ciúme, raiva, inveja ou desespero. Respire e diga a si mesmo: "Este pensamento não faz parte do meu ser. Eu sou..." (complete com padrões positivos).

Canção da beleza

Mary Dean Atwood, xamã e psicóloga do Arizona, nos Estados Unidos, ensina em seu livro *Spirit Healing* [Cura espiritual] uma forma de incorporar pensamentos positivos através de uma canção que deve ser cantada diariamente. Você mesmo pode criar a letra imaginando o que precisa atrair para a sua vida como se já estivesse acontecendo. Incorpore à letra uma melodia que lhe agrade, pode ser alguma composta por um músico ou qualquer uma que chegue à sua mente. Cante essa música todos os dias ao sair de casa, antes de dormir e nos momentos mais delicados. Quando a canção se tornar automática, seu inconsciente estará pronto para ajudá-lo no que você precisa. Procure se sentir feliz enquanto canta. Sinta as afirmações positivas fazendo parte de você.

Afirmação
(Canção canalizada)

EU SOU FELIZ, EU SOU SAUDÁVEL, EU SOU PERFEITO.
Sou rico e sou próspero.
Eu sou o amor do Meu Pai Criador.
Eu sou o amor do Meu Pai Criador.

EU SOU FELIZ, EU SOU SAUDÁVEL, EU SOU PERFEITO.
Sou rico e sou próspero.
Eu estou em harmonia com o Universo.
Recebo tudo que, com firmeza, eu peço.

EU SOU FELIZ, EU SOU SAUDÁVEL, EU SOU PERFEITO.
Sou rico e sou próspero.
Nesta batalha para eu poder crescer,
com fé em Deus, tenho a certeza de vencer.

Canções de poder

Segundo muitas tradições culturais, o som e a música possuem um profundo efeito psicofísico. Os cânticos acompanham toda a história das religiões, e como exemplo disso podemos citar os mantras zen-budistas, os cantos gregorianos, os salmos, os pontos de umbanda e candomblé, as canções evangélicas, entre outros. Certos tons são capazes de curar ou de lesionar o corpo humano. Ouvir ruídos acima de 70 *dB* por um período prolongado pode prejudicar a audição. Um ruído alto acima de 120 *dB* pode causar danos imediatos aos seus ouvidos. Algumas espécies de animais matam seus inimigos emitindo certas notas. Os hindus atribuem certos tons (*mantrans*) aos chacras que lhes dão acesso a poderes ocultos.

No caso específico do xamanismo, as canções de poder acompanham as cerimônias com a finalidade de evocar os espíritos guardiões e de cura, intensificar ou acalmar a energia, alterar o estado de consciência, tornar a mente livre de pensamentos indesejáveis e para proporcionar visões. O ritmo também pode transportar o xamã de volta ao seu espaço sagrado. Todo xamã usa uma canção de poder para despertar seu animal e convocar os espíritos auxiliares. O ritmo e as palavras estabelecem a comunicação com o sagrado liberando energia espontaneamente para curar e expandir a consciência.

CHAMO A FORÇA ENCARNADA
para usar as minhas mãos,
para expulsar os malfazejos
que atrapalham meus irmãos.

CHAMO OS SERES SAGRADOS
pra me darem a proteção.
E a águia vai por cima
e o leão vai pelo chão.

SEGUE A ÁGUIA EM SEU VOO
para me dar a visão.
E quando toco o meu tambor,
é quem segura a minha mão.

O LEÃO COM SUA FORÇA
reinando na imensidão.
E é essa força que eu sinto
dentro do meu coração.

FIQUE MUITO ALINHADO
diante desta afirmação:
Eu uso a luz do amor
pra te tirar da escuridão.

As canções de poder não são compostas, e sim canalizadas. São um fenômeno de liberação psíquica e mediúnica. Elas trazem felicidade e bem-estar, entendimento e reflexão, assim como cura e transe. No Peru, os xamãs associam os trabalhos xamânicos aos ícaros, ou canções mágicas, usadas para evocar o espírito de uma planta de poder, para viajar por mundos invisíveis, bem como para curar e trazer proteção.

Nos rituais do Santo Daime não é raro que seus praticantes recebam hinos, versos de origem divina que são captados e musicados. Na União do Vegetal, que também usa a bebida *ayahuasca*, os mestres entoam as *chamadas*. No *Rig Veda*, antiga coleção indiana de hinos védicos, os sacerdotes em estado de transe provocado pela bebida *soma* também captavam hinos. As canções sagradas estão presentes em todo o universo xamânico, sendo encontradas nos ritos dos nativos brasileiros e norte-americanos, dos aborígines australianos, dos esquimós, dos africanos e dos siberianos. As canções de poder podem ser longas e melodiosas ou curtas e repetitivas, como neste exemplo:

VOA, ÁGUIA. VOA, ÁGUIA.
Vem voar pra mim.
Vem me dar sua visão
neste céu sem-fim.

- 3 -

OS INSTRUMENTOS DE PODER

Nas cerimônias e nos rituais, os xamãs sempre empregaram objetos mágico-religiosos, como o tambor, o cachimbo, as pedras, os cristais e outros talismãs, para lhes conferir poder e proteção. Esses instrumentos devem ser consagrados em ritual. O próprio praticante pode fazer isso conferindo poder ao objeto através de sua vibração energética, intenção e fé, e oferecendo-o à uma divindade. Ao ser consagrado, o objeto é transformado em um polo de emissão de energia. São infindáveis os instrumentos de poder usados nas práticas xamânicas, a seguir veremos alguns dos mais conhecidos.

FIGURA 2. Um *noaidi*, xamã do povo Sámi, do norte da Europa, com um tambor oracular. Ilustração gravada em placa de cobre a partir do desenho de Knud Leem, 1767. (Licença Creative Commons)

O TAMBOR

O tambor é considerado universalmente um instrumento indispensável ao xamanismo. É o veículo pelo qual os xamãs fazem suas viagens a outros mundos. O tambor também é usado para invocar espíritos, e para curar enfermos e afastar espíritos malignos. O tambor deverá receber uma alma antes de ser utilizado, e por essa razão alguns preparam a pele do instrumento com o sangue do próprio animal sacrificado, outros com banhos de ervas ou defumações. Deve ser honrado o sacrifício do animal e da árvore, pois esses espíritos falarão também através do toque do xamã. Os nativos norte-americanos associam o toque do tambor às batidas do coração da Mãe Terra e também ao som do útero. O tambor dá acesso à força vital através de seu ritmo. É considerado o cavalo ou a canoa que nos leva ao mundo espiritual, sendo o instrumento que faz a comunicação entre o Céu e a Terra, que permite ao xamã viajar ao "Centro do Mundo" (Eliade).

Utilizados por xamãs e sacerdotes do mundo inteiro, os tambores podem ser de diversos tamanhos e formatos, como, por exemplo, o damaru (o instrumento de Shiva), os tambores japoneses, a tabla e as tumbadoras cubanas. São usados no tantrismo, no budismo tibetano e nos cultos afro, como o atabaque no candomblé e na umbanda. No candomblé, é comum a prática do batismo dos atabaques, que são aspergidos por água-benta; na cerimônia são oferecidas comidas aos santos, e os tambores

FIGURA 3. Xamã da península de Kamchatka, extremo oriente da Rússia, com tambor cerimonial. Gravura de 1799. Bibliothèque Nationale, Paris. (Archieve Collection. Alamy Stock Photos)

são envoltos com as cores dos orixás a quem foram consagrados. No culto jeje-nagô, os atabaques são percutidos com varinhas (aguidavis), nos cultos de Angola são percutidos com as mãos. Nos terreiros de candomblé, geralmente são usados três tamanhos de atabaques, denominados *rum*, o maior; *rumpi*, o médio; e *lé*, o menor.

Nenhum trabalho xamânico acontece sem o tambor, os sons repetitivos e monótonos permitem ao xamã a alteração de seu estado de consciência. Associado a cânticos, sinos e outros instrumentos, o tambor cria um ambiente propício ao transe. Michael Harner relata no livro *O caminho do xamã* uma pesquisa de laboratório comprovando que o tambor pode produzir modificações no sistema nervoso, pois as batidas são de baixa frequência, predominando um nível de frequência semelhante ao do eletroencefalograma.

Na Sibéria, o tambor pode ser redondo ou oval, geralmente é feito com pele de alce ou rena, e os espíritos decidem qual tipo de madeira deve ser usado na fabricação do instrumento. Em alguns rituais na América do Sul, o tambor pode ser substituído pelo maracá, um tipo de chocalho indígena. Entre os nativos brasileiros existem os tambores de cerâmica que são percutidos com uma baqueta; o tambor d'água, feito de cerâmica e preenchido com água; o tambor de fenda, feito com um tronco de madeira cavada com aberturas circulares e sem pele, que é pendurado a alguns centímetros do chão e tocado por duas baquetas, e os tradicionais tambores de pele.

O chefe do tambor, ogã, ou tamborileiro, é o maestro do transe. Os toques de tambor podem aumentar ou diminuir o campo de força. Existem batidas para a cura, a guerra, as jornadas, entre outras. A velocidade

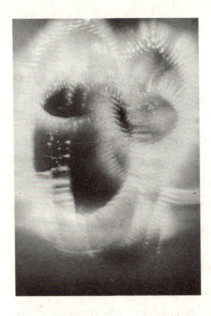

FIGURA 4. Imagem da aura do dedo indicador do autor após um toque de tambor. (Fotografia: Cristina Mara. Acervo do autor.)

de toque numa jornada xamânica varia de 150 a 200 batidas por minuto. Para conservar o transe, geralmente um assistente assume o tambor.

MARACÁ, OU CHOCALHO

Utilizado sobretudo na América do Sul, é geralmente feito de cabaça ou de chifre de gado e contém sementes ou pedrinhas em seu interior. Nos rituais do Santo Daime, são confeccionados com latas de alimentos contendo esferas metálicas dentro, também são comuns no ritual do catimbó. Possuem a mesma finalidade dos tambores, sendo usados na abertura de rituais e nas cerimônias de exorcismo.

CACHIMBO

Usado pelos xamãs do mundo inteiro para a inalação do tabaco, o cachimbo tem importância fundamental para os nativos norte-americanos. É também utilizado pelos xamãs peruanos em rituais com plantas de poder, pelos pretos velhos nos trabalhos de magia, e pelos indígenas brasileiros em rituais de cura e cerimônias de exorcismo. É chamado pelos nativos de cachimbo sagrado, sendo erroneamente denominado no senso comum de cachimbo da paz.

Uma lenda dos nativos norte-americanos narra a aparição da mulher búfalo branco para dois guerreiros do povo Lakota Sioux. Eles estavam caçando quando viram um vulto e então notaram uma bela mulher vestida de branco, levando a tiracolo uma sacola de peles. O primeiro guerreiro teve desejos impuros, e o segundo percebeu que, pela beleza da jovem, certamente se tratava de uma mulher sagrada. Não resistindo ao desejo carnal, o primeiro guerreiro dirigiu-se à ela. Nesse momento uma nuvem de fumaça os envolveu e, quando se dissipou, o segundo guerreiro viu a mulher e, no chão, o corpo do irmão já sem vida. Ela se dirigiu ao segundo guerreiro, dizendo que quem vê primeiro a beleza física jamais conhecerá a beleza divina. A moça encarregou o guerreiro de instruir seu chefe na construção de uma cabana que pudesse abrigar toda a tribo. Quando a cabana estivesse pronta, ela revelaria valiosas profecias para toda a nação. Construída a cabana, a mulher foi ao acampamento e, como havia prometido, falou sobre o cachimbo sagrado. Ela explicou que o fornilho representa a Terra e seu cano, tudo o que nasce e cresce sobre ela. O fornilho simboliza o aspecto feminino, e o cano, o masculino. A união é o princípio da criação, da fertilidade. O cachimbo sagrado é uma forma de oração, as preces são enviadas ao céu através dele. A mulher búfalo branco passou ao povo Lakota Sioux sete ritos secretos: a guarda da alma, a busca da visão, o ritual de purificação, a dança do sol, o lançamento da bola e das vestes, a preparação da moça e os deveres da mulher. Essa narrativa ensina que o participante do ritual do cachimbo não deve ter pensamentos impuros, pois através da fumaça do cachimbo enviamos ao Universo nossas preces visualizadas.

FIGURA 5. Cachimbos sagrados usados em rituais xamânicos.

A cada pitada de tabaco honramos o que os xamãs norte-americanos chamam *Mitakuye oyasin,* que significa "Por todas as nossas relações", ou seja, toda manifestação de vida da Criação, seres elementais, animais, insetos, pedras, plantas, espíritos ancestrais, entre outros. Por essa razão o cachimbo deve ser fumado até o fim. O fato de alguns cachimbos serem compostos de uma só peça não tira o valor do ritual. Mais detalhes sobre a utilização dos cachimbos serão apresentados no Capítulo 5 no item sobre o uso ritual do tabaco.

PEDRAS E CRISTAIS

Segundo uma lenda xamânica, ao contemplar a escuridão da noite, o Criador pega um cristal de quartzo e o despedaça em milhares de partes e, lançando-as no Universo, cria as estrelas. As pedras e os cristais são os detentores dos registros da Terra e possuem vibrações variadas de luz e som. Ao longo do tempo, as rochas têm sido usadas pelas mais diferentes civilizações. Os cristais são chamados de luz solidificada na Austrália aborígine, e as pedras, de Povo Pedra na América do Norte nativa. A roda medicinal dos nativos norte-americanos é composta por 36 pedras arranjadas em formato de círculo, representando a Roda da Vida. (Veja mais informações sobre a Roda Medicinal no Capítulo 9).

As rochas possuem um espírito, uma alma; são dotadas de talentos específicos; amplificam pensamentos; expandem a consciência; auxiliam nos processos de cura do corpo físico e nos livram das energias negativas. Há diversos tipos de pedras e cristais, vejamos a seguir os principais usos e as propriedades curativas de alguns desses instrumentos de poder empregados em rituais.

- *Abalone*: é uma concha. Representa o elemento água. É usada na limpeza da aura nos rituais de purificação com defumadores.
- *Água-marinha*: harmoniza ambientes, desbloqueia a comunicação, reduz o estresse, estabelece a ligação com a natureza, proporciona alegria nos relacionamentos.
- *Amazonita*: reforça qualidades masculinas e acalma o sistema nervoso.
- *Âmbar*: é uma resina fossilizada. Utilizada para amenizar a depressão, para dores corporais, para a melhora do humor e para proteger crianças. Sempre deve ser limpa após o uso.
- *Ametista*: reflete o raio violeta. É indicada para a meditação, tranquilizar os pensamentos, acalmar e trazer paz, para ensinar humildade e abrir a mente para vibrações superiores.
- *Citrino*: é ligado ao Sol, à criatividade. Dissipa emoções negativas, clarifica os pensamentos e estimula a consciência cósmica.

- *Comalina*: tem conexão com a energia da Terra. Promove a segurança, abre o caminho para o novo, aumenta a motivação e estimula o pensamento.
- *Crisocola*: é a pedra dos terapeutas alternativos. Alivia o medo sentido pelas parturientes, atenua a tristeza e a raiva, e equilibra as emoções.
- *Crisoprásio*: promove a introspecção, a abertura para novas situações, atua em problemas mentais, acalma e torna a pessoa menos egoísta.
- *Esmeralda*: favorece o equilíbrio físico, emocional e mental, aumenta a capacidade psíquica, reforça a imunidade e traz sabedoria e renascimento. A esmeralda não deve ser utilizada com outras pedras.
- *Fenacita*: nos conecta com as energias angélicas. É uma pedra poderosa que trabalha os chacras superiores.
- *Granada*: traz informações de vidas passadas, paciência, amor, compaixão e coragem. Ajuda a limpar pensamentos impuros.
- *Jaspe vermelho*: é um dispersador de energias negativas. Energiza o primeiro chacra, é bom para a circulação sanguínea e a desintoxicação.
- *Lápis-lazúli*: energiza o sexto chacra, abre a clarividência e a intuição, relaciona-se com a mente, a paz, a espiritualidade e a iluminação, e amplifica o poder pessoal.
- *Madeira petrificada, ou fóssil*: é empregada na regressão a vidas passadas, tem conexão com a terra e desperta a consciência ecológica.

- *Malaquita*: é a pedra da cura, associada ao mestre Hilarion. Usada para proteção, para ajudar as crianças a dormir em paz e para favorecer o relaxamento. É empregada por todos os xamãs africanos.
- *Moldavita*: favorece a harmonização com o Eu Superior, ajuda a dar "chão", equilibrando o corpo e a mente, e promove a conexão com as energias extraterrestres.
- *Obsidiana*: ajuda a esquecer amores antigos, aguça as visões, auxilia na liberação da raiva e ensina o desapego. É necessário conhecer bem essa pedra antes de usá-la.
- *Pedra da Lua*: desperta o lado feminino e a sensibilidade. Promove a conexão com o subconsciente, acalma as emoções e traz paz de espírito.
- *Quartzo*: é conhecido também como quartzo transparente ou branco, reflete a pureza. É um coringa, usado para cura e ampliação dos poderes xamânicos. É empregado também como gema em objetos ornamentais e na indústria eletrônica.
- *Quartzo azul*: promove o aumento do conhecimento sobre a espiritualidade.
- *Quartzo fumê*: purifica o primeiro chacra, traz esperança, ameniza a tendência ao suicídio, e trabalha a aceitação e o desapego.
- *Quartzo rosa*: é a pedra do amor incondicional, ligada a Jesus. Dissipa a mágoa, equilibra as emoções, atrai o perdão e o amor-próprio, e ameniza traumas de infância.

- *Quartzo verde*: é conhecido também como aventurina. É usado para a cura física, principalmente do coração, e para trazer prosperidade.
- *Sodalita*: favorece a mudança de atitude, equilibra o metabolismo, ajuda na compreensão intelectual, no equilíbrio *yin-yang*, fortalece a comunicação e desperta a terceira visão.
- *Turmalina negra*: repele energias negativas, promovendo proteção e defesa contra doenças. Procure levar uma turmalina no bolso sempre que sair de casa.

FORMAS DE LIMPEZA, ENERGIZAÇÃO E UTILIZAÇÃO

Há bons livros sobre o uso terapêutico dos minerais, entre eles o *ABC dos cristais,* de Antonio Duncan, que aborda as diferentes formas de utilização dos cristais. Vejamos a seguir como limpar, energizar e usar as pedras e os cristais.

Limpeza
Deixar a pedra ou o cristal por um período em um recipiente com água e sal marinho grosso. Outra forma de limpeza é a defumação com sálvia.

Energização
Deixar as pedras e os cristais por um período expostos aos raios solares.

Utilização
Diversas terapias holísticas usam o campo magnético das pedras e dos cristais para o restabelecimento da saúde. Uma das formas de utilização xamanista é através da roda medicinal. Nas jornadas xamânicas, trabalhamos em conexão com o espírito que habita dentro do cristal (Veja mais informações no Capítulo 9).

OS TRAJES E AS MÁSCARAS

O uso de trajes nos rituais simboliza a saída do mundo material e a entrada no mundo espiritual. Os trajes cerimoniais estão presentes em todos os rituais religiosos: na batina do padre, na paramentação dos orixás, no manto de magos e sacerdotes, nas fardas, entre outros. Quando um xamã se veste com a pele de um animal ele reforça seu contato com o mundo animal. O mesmo acontece com as penas e os cocares, que simbolizam também a iniciação. Os trajes representam, segundo Eliade, um microcosmo espiritual que se distingue do espaço profano à sua volta. Através da consagração, os trajes são impregnados de forças espirituais. É como se o xamã adquirisse um novo corpo.

As máscaras encarnam poderes sobrenaturais, dando ao homem um meio de se aproximar das forças divinas. Nem todos os que praticam o xamanismo utilizam máscaras, elas estão mais ligadas aos rituais dos nativos, aparecendo geralmente no culto aos mortos ou ancestrais, nos rituais de fertilidade e nas cerimônias de iniciação. Geralmente o uso das máscaras é limitado aos homens. Elas também são empregadas nas brincadeiras e podem ter o propósito de amedrontar.

PAU FALANTE, OU BASTÃO QUE FALA

Utilizado especificamente por nativos norte-americanos, trata-se de um pedaço de pau consagrado para que o "Sagrado ponto de vista" seja apresentado. Nesse ritual, é permitido dizer apenas a verdade. Na cerimônia, fala somente quem estiver com o bastão na mão, os demais devem permanecer em silêncio. Essa é uma maneira de honrar a sabedoria dos outros, embora não signifique que todos concordem com o que o outro está dizendo, e sim que respeitam seu ponto de vista. O pau falante pode ser usado em reuniões de conselho, em processos grupais ou até entre duas pessoas.

OUTROS OBJETOS DE PODER

O pau de chuva é um instrumento na forma de bastão que costuma apresentar diferentes tamanhos e adornos. Seu som simboliza o movimento das águas. Às vezes é empregado nos rituais xamânicos. O pau de chuva precedeu a varinha mágica. Arcos e flechas, amuletos e talismãs, diferentes instrumentos musicais, ossos e peles de animais, raízes e sementes, cruzes, mandalas, entre outros, são usados de acordo com cada cultura.

- 4 -

OS ANIMAIS DE PODER

A simbologia animal está profundamente gravada no inconsciente coletivo da humanidade. Herdamos sentimentos e recordações inconscientes que condicionam o comportamento consciente. Geralmente os animais presentes na prática xamânica são de natureza selvagem, e não doméstica. Eles representam o instinto animal do homem, seu lado forte e irracional. Nas antigas religiões há registros em todos os hemisférios de divindades com forma humana e animal, como, por exemplo, Ganesha, a divindade hindu com corpo humano e cabeça de elefante, no hinduísmo, e Thot, o deus egípcio com forma humana e cabeça de falcão, no politeísmo. Encontramos a presença da simbologia animal nas mitologias grega, fenícia, maia e asteca; nos cultos dos povos nativos da África, da Austrália, do Brasil, dos Estados Unidos, do Peru e da Sibéria; e nas doutrinas místicas e filosóficas como o taoísmo. Na literatura oriental, os animais aparecem nos *Contos Jakata*, coletânea de lendas relatando que Buda em seu Grande Despertar se lembrou de suas vidas anteriores como animal. Na literatura ocidental, os animais estão presentes em obras como o *Sermão de Santo Antonio aos Peixes*, de Padre Antonio Vieira, no lendário Sermão de São Francisco às aves, e nas *Fábulas de Esopo*, uma coleção de narrativas atribuídas ao escravo e contador de histórias Esopo, que viveu na Grécia antiga. Suas fábulas têm como personagens animais que agem como seres humanos para ilustrar algum preceito moral.

Jesus disse a seus discípulos: "Eis que vos envio como ovelhas no meio de lobos; portanto, sede prudentes como as serpentes e simples como as pombas". (Mateus 10: 16). Outro exemplo da presença dos animais nas escrituras bíblicas está no Antigo Testamento, no Livro de Ezequiel, que registra a simbologia dos quatro evangelistas, cada qual associado a um animal: Mateus, representando o anjo ou o homem que marca o nascimento de Cristo; Marcos, o leão, seu Evangelho começa no deserto; Lucas, o touro, iniciando com Zacarias que sacrificou o gado; e João, a águia, porque através dela o Espírito de Deus se manifesta.

Os símbolos dos signos astrológicos da tradição ocidental são representados por animais, excetuando Gêmeos, Virgem, Libra e Aquário. Na astrologia chinesa, cada ano do ciclo de doze anos é representado por um animal, iniciando pelo rato e sendo seguido por boi, tigre, coelho, dragão, serpente, cavalo, carneiro, macaco, galo, cachorro e porco. Cada pessoa ainda tem seus "animais internos" e seus "animais secretos", de acordo com o mês, o dia e o horário de seu nascimento. No hinduísmo, os centros psíquicos chamados túneis, ou chacras, têm em cada vórtice um animal que carrega o *bija* (semente). A kundalini é representada por uma serpente. A simbologia animal se faz presente em todas as doutrinas ocultistas, na alquimia, nas cartas de tarô, nas runas, no *I Ching*, entre outras.

No xamanismo os animais são espíritos poderosos, e cada um apresenta seus próprios talentos e sua própria medicina, transmitindo-nos assim a sua sabedoria. Nos rituais xamânicos passamos pela descoberta do animal guardião que habita cada um de nós. Nosso animal de poder é conhecido também como espírito protetor, *nagual*, aliado totem ou animal guardião. É o nosso *alter ego*, o nosso duplo. Os animais estão mais próximos da fonte divina do que nós, e devem ser estudados e reverenciados porque são a manifestação de poderes arquetípicos ocultos que estão por trás das transformações humanas. Cada animal tem um padrão, um animal mestre, que simboliza seu poder espiritual. O animal tem essência mítica, tem caráter onírico. Quando compartilhamos da consciência do animal, podemos transcender o tempo e o espaço, assim como as leis de causa e efeito. A natureza da relação entre o homem e o animal é espiritual. Todo xamã possui pelo menos um animal que o ajuda e o protege em suas viagens extáticas.

Nas jornadas xamânicas destinadas a encontrar nosso animal guardião geralmente aparecem vários animais.

Trabalhar com muitos animais ao mesmo tempo, porém, pode demandar um excesso de energia do principiante, que no início precisa se concentrar apenas no seu animal principal. O iniciante deve prestar bastante atenção à visão, pois seu guardião encontrará um modo de se distinguir dos demais, por exemplo, aparecendo nos quatro pontos cardeais. Após encontrar seu animal guardião, o praticante poderá estabelecer a comunicação com ele, quer seja por símbolos ou por perguntas. Estabelecido o contato, o guardião se comunicará com o praticante por meio de sonhos, símbolos, palavras e pela escuta interior. Ele o auxiliará em momentos difíceis, como no diagnóstico de doenças; na realização de objetivos desafiadores; na localização de objetos perdidos; no aumento da resistência e da disposição, no esclarecimento de relacionamentos; na proteção contra malfeitores; no autoconhecimento; e no direcionamento para encontrar lugares de difícil acesso. O animal guardião será um aliado em todas essas situações. Ele torna a pessoa resistente a doenças, pois propicia um corpo vigoroso e protegido de infecções. O animal guardião ajuda a aumentar a acuidade mental e a autoconfiança. As doenças não são naturais ao corpo, e sim trazidas para ele, por essa razão, quando uma pessoa está fraca ou deprimida, dizemos que ela perdeu o seu poder animal.

O RESGATE DO PODER ANIMAL

Segundo Michael Harner em seu livro *O caminho do xamã*, uma pessoa doente está desanimada, ou seja, perdeu sua força animal, ficando deprimida, fraca e predisposta a adoecer. Ao longo da vida, sofremos uma série de traumas, abusos e outras situações que vão enfraquecendo a alma, até que em dado momento um choque maior provoca o que, em alguns sistemas xamânicos, se denomina perda ou fragmentação da alma, ou *susto*, como é conhecido no Peru. Ao perder a alma, parte de sua energia, ou ainda, da sombra se afasta do corpo e, gradativamente, a pessoa vai apresentando sintomas como desânimo, tristeza, depressão e até enfermidades físicas. É como se perdêssemos partículas de nossa alma. São vários os motivos que levam uma pessoa a esse estado, como a morte de um ente querido, o desemprego, as separações, os traumas de infância, entre outros. Os xamãs ao tratarem de tais casos entram no mundo profundo com seu animal guardião, localizam o elo perdido do paciente e resgatam-no de volta soprando na cabeça e no peito dele.

Segundo Mircea Eliade, nesse processo de resgate, o xamã abandona seu corpo e vai em busca da alma do paciente. Se a alma foi levada por algum dos mortos, o xamã envia seus espíritos auxiliares para procurá-la, capturá-la e trazê-la de volta. O resgate da alma ou elo perdido é uma prática comum em diversas tradições xamânicas ao redor do mundo. Acredita-se que quando um indivíduo perde uma parte essencial de si mesmo, como a vitalidade, a alma, ou até mesmo uma memória, isso pode causar desequilíbrios emocionais, mentais e físicos. Os xamãs, por sua vez, são considerados especialistas em navegar entre os mundos visível e invisível, e assim são capazes de acessar essas partes perdidas e trazê-las de volta ao paciente. Essa prática é conhecida como "recuperação do poder" (poder pessoal, autoestima, por exemplo) ou "recuperação da alma".

O animal guardião é um aliado espiritual que auxilia o xamã em suas jornadas xamânicas, oferecendo orientação, proteção e força. Cada xamã pode ter um ou vários animais guardiões, que são escolhidos a partir de visões, sonhos ou intuições. Ao encontrar o elo perdido do paciente, o xamã pode usar diferentes técnicas para trazê-lo de volta, como o sopro na cabeça e no peito do paciente, que é uma forma de enviar energia vital para a pessoa e ajudá-la a reintegrar a parte recuperada. Outras práticas comuns incluem cantos, danças, percussão e uso de plantas sagradas.

DANÇANDO O ANIMAL

Os xamãs e praticantes do xamanismo também podem aflorar o poder do animal através da dança, na qual permitimos que os animais se expressem através de nosso corpo e de nossas cordas vocais. A dança é uma forma de evocar os espíritos animais. Segundo Harner, dançar o animal é um modo de mantê-lo satisfeito para que ele não pense em nos abandonar. O autor acrescenta ainda que assim como o homem deseja sentir a realidade sobrenatural, o espírito guardião sente prazer "entrando" no corpo do ser humano. Dançar o animal é uma cerimônia xamânica milenar e de grande impacto energético.

FIGURA 6. *O feiticeiro*, arte rupestre encontrada na caverna de Trois-Frères, em Ariège, França, possivelmente feita por volta de 13.000 a.C. Esboço do arqueólogo francês Henri Breuil. (Fotografia: Doctor Suckling. Licença Creative Commons)

Cerimônia para encontrar o animal guardião

Tempo de duração: 30 minutos aproximadamente.

Vá para um local tranquilo. É necessário que alguém toque tambor (120 a 150 batidas por minuto) ou que o som de um tambor seja reproduzido. Deite-se e relaxe, respirando profundamente. Feche os olhos e sinta o som do tambor.

Pense num local de repouso, que pode ser a praia, o campo ou a montanha. Imagine-se nesse lugar. Veja-se repousando, visualize seu corpo espiritual se desprendendo do físico. Agora, seu corpo espiritual começa a passear pelo local de repouso até encontrar uma abertura subterrânea. Ao encontrá-la, caminhe por ela, tendo o cuidado de não pegar nenhum objeto achado no caminho. Caso algo obstrua sua passagem, não desista, contorne-o, e continue sua caminhada. Visualize a porta de entrada para o mundo profundo. Ao chegar em frente a essa porta, evoque em pensamento: "Peço ao animal guardião que venha se encontrar com sua parte humana. Ordeno que a porta entre os dois mundos seja aberta para que eu estabeleça contato com o meu animal guardião". Atravessando a porta, observe o animal que chega à sua frente. Não use o racional, apenas estabeleça contato. Abrace seu animal, troque carinhos com ele. Fique frente a frente com ele e lhe faça perguntas ou pedidos. Ao final despeça-se dele, lhe agradecendo pelos ensinamentos. Volte ao túnel por onde você saiu e retorne ao seu local de repouso. Volte ao seu corpo físico. Imagine-se repousando por alguns minutos. Retorne ao seu local de prática, agradecendo ao Universo.

AS CANÇÕES DE PODER

Os xamãs costumam também ter suas canções, que são enviadas por seus espíritos guardiões para evocar o seu poder. As canções lembram o xamã que ele está protegido pelo espírito animal. Em geral, elas são usadas em cerimônias, rituais de cura ou em situações difíceis.

Minha guardiã
(Canção de poder)

> ÁGUIA, PRA ONDE VOAS?
> Águia, pra onde vais?
> A voar, a voar, a voar, a voar.
> A voar, a voar, sem parar.
>
> ÁGUIA, O QUE TU BUSCAS?
> Águia, o que tu procuras?
> A voar, a voar, a voar, a voar.
> A voar, a voar, lá no céu.
>
> ÁGUIA, NÃO ME ABANDONES.
> Guia meu caminhar.
> A voar, a voar, a voar, a voar.
> A voar, a voar, para mim.
>
> ÉS MINHA GUARDIÃ.
> Contigo não vou recuar.
> Vou voar, vou voar, vou voar, vou voar.
> Vou voar, vou voar, com você.

Canção da águia dourada

A HEY
Ya ya ho hey hey no
ya ya ho hey hey no
Ya ya hey ya

YA YA HO HEY

YA YA HO HEY HEY NO
Ya ya ho hey hey no
Ya ya hey ya

EU SOU
águia dourada
no horizonte
sempre a voar.

VOU SUBINDO
e vou subindo
e neste voo
vou te levar.

NAVEGO
Rumo ao Sol
rumo a
Lua também.

E SUA CONSCIÊNCIA
vai se expandindo
também.

RELAXE
sua mente.
Cuide da
respiração.

RELAXANDO
é que se chega
neste Universo,
meu irmão.

EU FAÇO
minha morada.
Se tu queres,
podes vir.

CONSTRUO
nas alturas
pra ninguém
poder subir.

DEIXE
entrar o amor
que eu te mando,
meu irmão.

RECEBA
com alegria
e muito amor
no coração.

A HEY
Ya ya ho hey hey no
Ya ya ho hey hey no
Ya ya hey ya

YA YA HO HEY

YA YA HO HEY HEY NO
Ya ya ho hey hey no
Ya ya hey ya

ANIMAIS XAMÂNICOS E SUA SIMBOLOGIA

- *Abelha*: comunicação, trabalho árduo em harmonia, néctar da vida e organização.
- *Águia*: iluminação e visão interior. Geralmente é invocada para poderes xamânicos, coragem e elevação do espírito a grandes alturas.
- *Alce*: resistência, autoconfiança, competição, abundância e responsabilidade.
- *Antílope*: cautela, silêncio, consciência mística através da meditação, calma e ação.
- *Aranha*: criatividade, teia da vida e manifestação da magia de tecer nossos sonhos.
- *Baleia*: registros da Mãe Terra, sons que equilibram o corpo emocional, representa nossas origens.
- *Beija-flor*: mensageiro da cura, amor romântico, claridade, graça, sorte e suavidade.

- *Borboleta*: autotransformação, clareza mental, novas etapas e liberdade.
- *Búfalo*: sabedoria ancestral, esperança, tolerância, espiritualidade, prece e paz.
- *Cabra e cabrito*: determinação para ir ao topo, nutrição, brincadeira.
- *Cachorro*: lealdade, habilidade para amar incondicionalmente e estar a serviço.
- *Camelo*: conservação, resistência e tolerância.
- *Canguru*: proteção maternal e coragem para seguir em frente nas fraquezas.
- *Castor*: novos canais de pensamento, construção, segurança, conforto e paciência.
- *Cavalo*: poder interior, liberdade de espírito, viagem xamânica, força e clarividência.
- *Cisne*: graça, fidelidade, ritmo do Universo, ver o futuro, poderes intuitivos e fé.
- *Cobra*: transmutação, cura, regeneração, sabedoria, psiquismo e sensualidade.
- *Coelho*: fertilidade, medo, abundância, crescimento, agilidade e prosperidade.
- *Coiote*: malícia, artifício, criança interior, confiança, humor e adaptabilidade.
- *Condor*: representa o mundo superior. Assim como a águia, o condor é um dos filhos do Sol no Peru.
- *Coruja*: habilidades ocultas, ver na escuridão, a vigília, a sombra e a sabedoria ancestral.
- *Corvo*: guardião da magia, mistério, profecia, mensageiro, dualidade e assistência.

- *Doninha*: poderes ocultos, vidência, poder de esconder, observação e segredos.
- *Elefante*: longevidade, inteligência, memória ancestral e ancestrais enterrados.
- *Esquilo*: divertimento, planos futuros, reunião e enxergar o óbvio.
- *Esturjão*: determinação, sexualidade, consistência, profundidade e ensinamento.
- *Falcão*: precisão, prece ao Universo, mensageiro, olhar à volta, abertura, observar à distância e oportunidade.
- *Formiga*: comunidade perfeita, paciência, trabalho duro, força, resistência, agressividade e exame cuidadoso.
- *Gaivota*: habilidade de voar através da vida com calma e esforço para alcançar.
- *Galo*: sexualidade, fertilidade, oferendas, cerimônias e altivez.
- *Gambá*: respeito, campo de proteção, reputação e repelir quem não o respeita.
- *Gato*: entendimento sobre mistérios, poderes mágicos, sensualidade, independência, limpeza e experiências que nos conectam com o mundo natural, com a Terra e as tradições ancestrais.
- *Girafa*: calma, inspiração para se atingir grandes alturas, suavidade e doçura.
- *Golfinho*: pureza, iluminação do ser, sabedoria, paz, amor, harmonia e comunicação.
- *Gorila*: sabedoria, inteligência, adaptabilidade, guardião da terra e habilidade.

- *Guaxinim*: bom humor, limpeza, sobrevivência, tenacidade, inteligência e folia.
- *Hipopótamo*: desenvolvimento psíquico, intuição, ligação água-terra e aterramento.
- *Jacaré*: instinto de sobrevivência, o inconsciente profundo e o caos que precede a criação.
- *Jaguar*: busca nas águas profundas da consciência, mensageiro, interação entre mente e alma.
- *Javali*: comunicação entre pares, expressividade e inteligência.
- *Lagarto*: otimismo, adaptabilidade, regeneração, sonhos, renovação e transformação.
- *Leão*: poder, força, majestade, prosperidade, nobreza, coragem, saúde, liderança, segurança e autoconfiança.
- *Leopardo*: rapidez, conhecimento do subconsciente e compreensão de aspectos sombrios.
- *Libélula*: ilusão, ventos da mudança, comunicação com o mundo elemental.
- *Lince*: segredo, tradição, conhecimento oculto e ouvir para o crescimento.
- *Lobo*: amor, relacionamentos saudáveis, fidelidade, generosidade e ensinamento.
- *Macaco*: inteligência, bom humor, alegria, agilidade, perícia, irreverência e amizade.
- *Minhoca*: regeneração, resistência, autocura e transformação.
- *Morcego*: renascimento, iniciação, reencarnação e habilidades mágicas.

- *Onça*: espreita, proteção territorial, silêncio, observação e precisão.
- *Pantera*: mistério, sensualidade, sexualidade, beleza, sedução, força e flexibilidade.
- *Pato*: desenvolvimento da energia maternal, fidelidade, nutrição energética.
- *Pavão*: proteção psíquica, coragem, boa sorte, serenidade, chuva, beleza e graça.
- *Peru*: dar e receber, transcendência, dádivas e celebração.
- *Pica-pau*: regeneração, limpeza, comunicação, proteção, invocação para chuva, pois o som emitido quando ele pica uma árvore é relacionado aos espíritos do trovão.
- *Pinguim*: viver em comunidade, fidelidade e lealdade nos relacionamentos afetivos.
- *Pombo*: paz, comunicação e mensagem. No cristianismo simboliza o Espírito Santo.
- *Porco-espinho*: fé, confiança, inspiração para realizações, dentro da essência, ou seja, inocência.
- *Puma*: força, iniciativa, mistério, silêncio, sobrevivência, velocidade, graça, liderança e coragem.
- *Raposa*: habilidade, esperteza, camuflagem, observação, integração e astúcia.
- *Rato*: versatilidade, alerta, introspecção, percepção, satisfação e aceitação.
- *Salmão*: força, perseverança, nadar contra a maré, determinação e coragem.

- *Sapo*: está ligado a chuva, evolução, limpeza, transformação, mistério e humor.
- *Tartaruga*: estabilidade, organização, honra, longevidade, paciência, resistência, proteção, experiência, sabedoria e Mãe Terra.
- *Tatu*: fornece a armadura, limites emocionais e proteção à saúde.
- *Texugo*: agressividade, coragem, formar alianças, persistência e agir em crise.
- *Tigre*: aproximação lenta, preparação cuidadosa e saber aproveitar as oportunidades.
- *Touro*: fertilidade, sexualidade, poder, liderança, proteção e potência.
- *Urso*: introspecção, intuição, cura, consciência, ensinamentos e curiosidade.
- *Vaga-lume*: iluminação, entendimento, força vital, luz e escuridão, maravilhas da vida e da natureza.
- *Veado*: delicadeza, gentileza, sensitividade, graça, alerta, adaptabilidade e conexão entre coração e espírito.

ANIMAIS MÍTICOS

- *Cavalo alado*: desejo de elevação, transmutação, beleza, viagem astral, novas aventuras, mistério e fascínio.
- *Centauro*: instinto animal, ligação homem-animal, anarquia, sexualidade, fertilidade e conhecimentos de cura (Quíron).

- *Dragão*: potência e força viril, proteção, kundalini, calor, mensageiro da felicidade, senhor da chuva, fecundação e força vital.
- *Elefante branco*: força, bondade, escolha de caminhos, ligações extraterrestres e mistério.
- *Fênix*: renascimento, fascínio, animal do Sol, imortalidade da alma, elevação e purificação.
- *Sátiro*: libertinagem, divertimento, impulso sexual, instintos e fantasias sexuais.
- *Unicórnio*: rapidez, mansidão, pureza, salvação, espiritualidade, inofensividade, seu único corno simboliza que ele e o Pai são UM.

- 5 -

A MAGIA DAS PLANTAS

Deus disse: *Eis que vos dou toda a erva que dá semente sobre a Terra e todas as árvores frutíferas, contendo em si mesmas sua semente, para que vos sirvam de alimento.*
(Gênesis 1: 29)

Este capítulo aborda o uso mágico e ritual das plantas mais comuns na prática xamânica e traz receitas de banhos de defesa e de defumação com ervas medicinais. Na cultura dos povos da floresta, é milenar o uso terapêutico das plantas. Para os nativos de língua tupi, Tupã, o Espírito do Trovão, é a divindade criadora do mundo animal e vegetal, dos céus, da terra e das águas. Aos homens ele ensinou a agricultura e a caça, e aos pajés transmitiu o conhecimento das plantas medicinais e dos rituais mágicos de cura. As ervas são poderosas aliadas da nossa saúde, o conhecimento sobre elas é uma preciosa dádiva que os xamãs deixaram como herança para a humanidade. Os xamãs tinham a capacidade de se comunicar com os espíritos das plantas, e esse ensinamento era passado de pai para filho. Em meu caminho tive a felicidade de encontrar a querida irmã, xamã, cigana, bruxa e erva viva Maly Caran. Sem desmerecer outros fitoterapeutas e herboristas, considero a Maly a pessoa com maior vínculo espiritual com as plantas que conheci até hoje. A seguir veremos algumas das receitas de seu curso sobre ervas medicinais.

Trabalhar com plantas medicinais não significa apenas tomar chá. É necessário saber como manipular cada tipo de erva e qual é indicada para cada situação. Saber sobre todos os tipos de ervas medicinais é enriquecedor, mas o mais importante é conhecer bem aquelas que você escolheu para trabalhar. Saber usar as plantas é uma ciência, porém conhecer os seus mistérios é a magia. O xamã, poeta e pintor onírico Mario Mercier, em seu livro *La nature et le sacré: initiation chamanique et magie naturelle* [A natureza e o sagrado: iniciação ao xamanismo e à magia natural], descreve como ninguém o segredo da magia da floresta.

Peter Tompkins e Christopher Bird afirmam no livro *The Secret Life of Plants* [A vida secreta das plantas] que os vegetais podem captar a nossa mente. Eles relatam pesquisas científicas que realizaram com o galvanômetro, um dispositivo detector de mentiras, comprovando que as plantas reagem de acordo com os nossos pensamentos. Como exemplo disso, costumo relatar a curiosa experiência que tive com um vaso de bico-de-papagaio, planta de cultivo ornamental associada ao Natal e que tem inúmeras propriedades medicinais. Todos os dias de manhã antes de sair para trabalhar, eu observava que as folhas da planta estavam murchando, até que um dia uma voz interior me questionou: "Você não está percebendo?" No início, pensei ser cisma minha, porém a voz insistia: "Você vai me ignorar?" Mentalizei a planta, tentando me conectar com a sua energia, e captei a resposta de que aquele local a entristecia e roubava a sua força. Com o auxílio de um pêndulo, constatei que a energia do lugar onde ficava o vaso estava conflitando com a da planta. Imediatamente procurei um local apropriado e a mudei de lugar. O resultado apareceu nos primeiros dias, as folhas pararam de murchar e foram ganhando cor e brilho. Aos mais céticos, acrescento que a planta foi mantida no mesmo ambiente, na mesma altura e continuou recebendo a mesma luminosidade que antes.

TRABALHANDO COM AS ERVAS

Segundo Maly Caran, devemos ter delicadeza no trato com as ervas, pois elas são seres que nos auxiliam na vida terrena. Além disso, adotar a forma certa de plantio e colheita, de acordo com as fases da Lua, e saber o modo de preparo e suas contraindicações são fatores fundamentais para se trabalhar com as ervas.

Tipos de preparação

- *Infusão*: usar as partes macias da planta, folhas e flores. Colocar a erva triturada em recipiente de porcelana, barro ou vidro, despejar água fervente e deixar em repouso durante 15 minutos, coberto com um pano branco.
- *Decocção*: usar as partes duras da planta, como raízes, caules e sementes. Num recipiente, colocar a planta, acrescentar água fria e levar ao fogo por um período de 10 a 30 minutos, dependendo da planta. O processo de *decocto de meio* significa deixar a água fervendo até se reduzir à metade de seu volume, conforme a indicação.
- *Maceração*: usar principalmente as folhas e flores. Colocar a erva triturada em recipiente de porcelana, adicionar água fria, cobrir e deixar em repouso em local fresco por um dia ou mais, dependendo da indicação. Este preparo permite uma maior duração da erva. A maceração também pode ser feita com vinho, álcool, óleo ou leite.
- *Coagem*: deve ser feita preferencialmente em filtro de algodão ou linho. Também podem ser usados coadores descartáveis.
- *Tintura*: colocar as ervas em imersão no álcool, principalmente o de cereal. Coloque a erva triturada em um vidro, de preferência de cor âmbar, até ocupar 30% do volume, adicione o álcool até preencher 90% do vidro, e os 10%

restantes complete com água destilada. Guarde o vidro em local escuro ou enterre-o pelo período de 20 a 30 dias.
- *Unguento*: uso tópico. Para dez partes de gordura vegetal misturar três partes do sumo fresco da erva a ser utilizada. Cozinhar em banho-maria durante uma hora.
- *Compressas*: para ferimentos e batidas. Lavar bem a planta antes de aplicar nas feridas, esprêmê-la diretamente na região a ser tratada, colocar a erva sobre a pele e amarrar com uma faixa. Podem ser feitas compressas com chás e tinturas, nesse caso é recomendado utilizar um pano de algodão dobrado três vezes, embebido do líquido e colocar por cima um pano seco.
- *Pó*: cascas e rizomas podem ser reduzidos a pó. Eles devem estar bem secos para serem pilados.
- *Xarope*: usar a erva seca ou a verde triturada. Adicionar uma xícara de água fervente, deixar em repouso por duas horas e filtrar. Em seguida, na proporção 1:1, para uma parte de erva acrescente uma parte de mel ou açúcar mascavo derretido. Para conservação, adicionar extrato de própolis.
- *Banho*: podem ser preparados por infusão e maceração a frio.
- *Defumação*: o efeito é potencializado ao se empregar o material mágico apropriado, como conchas e incensários com carvão.

As plantas nascidas em seu *habitat* natural possuem maior poder do que as cultivadas. Segundo Maly, a erva que cresce naturalmente no seu próprio jardim é aquela que veio para curá-lo. Ao colher as plantas, observe se elas não estão muito próximas do asfalto, porque a erva será afetada pelos gases emitidos pelos automóveis. Além disso, é importante se certificar de que não houve o emprego de agrotóxicos em seu cultivo.

CERIMÔNIA DE LIMPEZA E PURIFICAÇÃO (NATIVOS NORTE-AMERICANOS)

Na cerimônia de limpeza e purificação geralmente é usada a sálvia, devido à sua qualidade mágica de limpar a aura e expulsar a negatividade. Para chamar energias positivas também se utiliza a *sweet grass* (*Hierochloe odorata*), o tabaco, que absorve tanto a energia positiva quanto a negativa, ou o cedro. A erva deve ser depositada em uma concha, na maioria das vezes um abalone, que representa o elemento água. A própria erva representa o elemento terra. Sua queima representa o fogo. A defumação é feita com o auxílio de uma pena, simbolizando o elemento ar.

Evoque o espírito da erva, solicitando seus poderes de limpeza. De frente para o leste, soltando a fumaça à sua frente, diga: "Espírito do leste, de onde chega a luz, portal do espírito e do elemento fogo, ilumine-me". No sentido horário fique de frente para o sul, dizendo: "Espírito do sul, onde o Sol está forte, portal das emoções, dos sentimentos e do elemento água, fortifique-me". Dirija-se para o oeste, dizendo: "Espírito do oeste, onde o Sol se põe, portal do corpo e do elemento terra, transforme-me". Dirija-se para o norte, dizendo: "Espírito do norte, onde o Sol descansa, portal da mente e do elemento ar, informe-me".

Volte-se para o leste, exalando a fumaça e olhando para o alto, e diga: "Grande força masculina atrás de tudo o que existe, Pai Céu, dê-me poder". Ainda a leste, jogando fumaça para baixo, diga: "Grande força feminina atrás de tudo o que existe, Mãe Terra, nutra-me". É possível também apenas reverenciar os três mundos: o superior, o intermediário, o subterrâneo. Feito isso, passe a fumaça em si mesmo, começando pelos pés e subindo acima da cabeça. Repita essa ação quatro vezes. Essa limpeza pode ser feita em ambientes ou pessoas. No caso de ambientes, passe a fumaça nos quatro cantos, sempre terminando na porta de saída.

BANHO DE DEFESA

São várias as plantas utilizadas no preparo de banhos de defesa, entre elas estão o alecrim, a alfazema, a guiné, a espada-de-são-jorge, o levante, o comigo-ninguém-pode, a arruda, o tabaco, o louro e o manjericão. A essas ervas podem ser associados sal grosso, enxofre em pó e resinas, como copal, mirra e olíbano. Triture as ervas com as mãos, coloque-as num recipiente e acrescente água fervendo e espere esfriar. Ou ainda, deixe-as em maceração a frio por sete dias. No final do banho, despeje o preparado no corpo com uma vasilha.

DEFUMAÇÃO SIMPLES

Utilizando um incensário, coloque carvão em brasa, sal grosso, que atrai as partículas de negatividade a serem queimadas pela brasa, e acrescente as ervas. Você pode usar as ervas da Jurema, entidade da umbanda que, assim como o orixá Ossãe no candomblé, guarda os segredos das plantas e das ervas. As ervas da Jurema são arruda, guiné, alecrim, benjoim e alfazema. Além dessas, a defumação pode ser feita com artemísia, manjericão, louro, sálvia e tabaco.

Ponto de defumação
Defuma com as ervas da Jurema.
Defuma com arruda e guiné,
alecrim, benjoim e alfazema.
Vamos defumar filhos de fé.

Outro ponto de defumação
Defuma, defumador,
esta casa de Nosso Senhor.
Defuma, defumador,
esta casa de Nosso Senhor.

*Leva pras ondas do mar
o mal que aqui for chegar.
Leva pras ondas do mar
o mal que aqui for chegar.*

USO RITUAL DO TABACO

Desde a aparição da mulher búfalo branco para os nativos norte-americanos, o tabaco é considerado como uma planta que proporciona clareza, porém tudo o que existe no Universo tem seu lado luz e seu lado sombra. Quando o tabaco é utilizado com consciência, ele traz purificação, transforma energias negativas em positivas e serve de mensageiro. E quando não, pode até matar, como no vício do cigarro.

O tabaco é considerado sagrado por ser um mensageiro que conduz nossas preces ao Universo. Ele é utilizado universalmente no xamanismo. No Peru, é fumado em rituais na *pipa* (cachimbo) e na forma de cigarro. No Brasil, é empregado ritualisticamente em todas as suas formas, como no cigarro, no cachimbo, no charuto, na defumação, no banho, em compressas, bem como no suco e no mel de tabaco. Tanto o suco quanto o mel de tabaco são considerados importantes elementos em algumas tradições xamânicas peruanas, assim como a *ayahuasca* e o São Pedro (*wachuma*). O suco de tabaco, também conhecido como rapé, é uma mistura de tabaco em pó e cinzas que é inalada pelo nariz ou soprada no corpo de uma pessoa durante as cerimônias xamânicas. Os xamãs peruanos acreditam que o suco de tabaco tem propriedades medicinais e pode ajudar a limpar as vias respiratórias, purificar o corpo e melhorar a percepção espiritual. Já o mel de tabaco é feito a partir do tabaco fervido com água e mel, e, em seguida, misturado em uma bebida, geralmente a *ayahuasca*. Os xamãs peruanos acreditam que o mel de tabaco pode ajudar a intensificar as visões e a conexão com o mundo espiritual. No entanto, é importante ressaltar que tanto o suco de tabaco quanto o mel de tabaco são considerados substâncias tóxicas e podem causar danos à saúde.

COMPRESSA DE TABACO PARA ELIMINAR ENERGIAS NEGATIVAS

Em meio litro de água, coloque quatro colheres de sopa de folhas secas de tabaco ou fumo de corda, leve ao fogo até ferver. Depois disso, deixe por mais cinco minutos em fogo brando, desligue o fogo e mantenha em repouso por 15 minutos cobrindo com um pano branco. Coe. Pegue um tecido que cubra toda a área do abdômen, molhe-o na infusão do tabaco e coloque-o na barriga, deixando por 30 minutos. Essa compressa remove as energias emocionais estagnadas, as formas-
-pensamento e os quebrantos.

OFERENDA DE TABACO

No xamanismo também usamos o tabaco para honrar os espíritos da natureza, para abrir portais na floresta e para honrar a Criação. Nos rituais de umbanda e candomblé no Brasil, é comum a oferenda de charutos nos despachos.

TABACO COMO INSETICIDA

Em vez de usar produtos químicos como inseticida, podemos empregar defensivos que a própria natureza fornece. Um deles é o tabaco, usado principalmente no combate a pulgões e outras pragas. Faça uma maceração a frio com 50 gramas de tabaco ou fumo de corda picado, reservando por um período de 24 horas. Coloque em uma panela, adicionando 20 pimentas malaguetas, uma colher de sopa de cinza peneirada, um pedaço de sabão de coco e um maço de losna. Deixe cozinhar por 20 minutos. Ao esfriar, coe. Dilua um copo dessa solução em três litros de água e pulverize as plantas.

PLANTAS MAIS USADAS NO XAMANISMO

- *Alecrim*: usado nas defumações para afastar maus espíritos. Ele atrai abelhas e repele moscas. Pode ser colocado embaixo do travesseiro para afastar maus

sonhos, ou ser usado na orelha quando vamos a lugares negativos. É bom para a clareza mental.
- *Alfazema*: para limpeza pessoal e de ambientes, e para atrair amores.
- *Arruda*: para fortalecer a vontade, afastar mau-olhado e trazer felicidade. Pode ser utilizada em banhos, defumações e atrás da orelha. Também é empregada na fabricação de amuletos e nos benzimentos.
- *Artemísia*: para afastar maus espíritos. Essa planta empregada na acupuntura (moxibustão) é muito usada no Oriente.
- *Manjericão*: para banhos de purificação e limpeza de ambientes. Era utilizado em mumificações no Egito.
- *Milho*: no xamanismo o milho tem um significado especial, é o símbolo da abundância e da fertilidade. Oferecemos farinha de milho aos espíritos, seus grãos dourados refletem a energia do sol, representam a semente do futuro e o alimento do presente. Simboliza a fartura e a prosperidade. Alguns xamãs usam sua espiga seca como varinha de mago.
- *Sálvia*: para o cerimonial de limpeza, além da sálvia propriamente dita (*Salvia officinalis*), os nativos norte-americanos utilizam o *sagebrush*, que é um tipo de artemísia. Dizem que dormir com sálvia embaixo do travesseiro permite que os sonhos se tornem realidade.
- *Sweet grass*: é a erva-doce americana (*Hierochloe odorata*), não deve ser confundida com o funcho

(*Foeniculum vulgare*). Ela é conhecida pelos nativos norte-americanos como cabelo de mulher, porque vêm em ramos trançados. É muito utilizada em rituais de limpeza, na Tenda do Suor, nas cerimônias do Cachimbo Sagrado e na evocação de bons espíritos.
- *Urucum*: seu poder está concentrado na semente. É usado pelos nativos na fabricação de corantes para a pintura corporal.

OS AROMAS

Expressões populares como "Tempero que dá água na boca" ou "Algo não cheira bem" nos indicam como os aromas influenciam o astral. O sentido do olfato age principalmente no nível subconsciente, os nervos olfativos estão diretamente ligados à parte mais primitiva do cérebro, o sistema límbico. Alguns estudos mostraram que animais com problemas no focinho perdem a capacidade de discernimento e de memória, e acabam comendo tudo o que encontram pela frente. Crianças com as narinas obstruídas têm dificuldade para fixar a atenção.

O deus egípcio Thot considerava o nariz como o crânio do cérebro, o rinencéfalo, que é o conjunto das formações nervosas situadas na parte interna e inferior de cada hemisfério cerebral, que intervém no olfato e no gosto. Os centros cerebrais estão ligados às fossas nasais e, portanto, ao sentido do olfato.

Uma vivência xamânica me despertou para a magia dos aromas. Na ocasião, em estado alterado de consciência, eu senti fragrâncias que ninguém ali presente estava usando. Compreendi estar sintonizado com uma camada vibratória das fragrâncias do Universo. À medida que os cheiros se alternavam, eu ia compreendendo a função de sua utilização. Pude entender que as fragrâncias influenciam nossa disposição, desejo, vontade, calma, saúde etc. Tive o entendimento de uma vida passada no Egito como perfumista. No Egito antigo, os sacerdotes supervisionavam a alquimia dos óleos essenciais nos templos, lendo fórmulas e entoando cânticos, enquanto os discípulos misturavam os ingredientes. Os sacerdotes egípcios queimavam betume para reconhecer em seus pacientes a predisposição para a epilepsia. Ao meio-dia, quando o ar se tornava pesado devido aos vapores da terra, queimavam mirra. Os egípcios inventaram a destilação do vinho e da resina de cedro. Em todo o Egito os perfumistas tinham um bom funcionamento nasal, que é sinônimo de equilíbrio psicossomático. Eles usavam vários componentes para embalsamar, entre eles o manjericão.

E. A. Wallis Budge, arqueólogo britânico que dirigiu o departamento de antiguidades asiáticas e egípcias do Museu Britânico, em seu livro *Egyptian Magic* [*Magia egípcia*], faz um relato interessante sobre a descoberta de um papiro intitulado "O ritual do embalsamamento", do qual transcrevo em tradução literal a parte a seguir:

> O perfume da Arábia te foi trazido, para tornar perfeito o teu cheiro entre o cheiro dos deuses. Aqui foram trazidos para ti líquidos que vieram de Rá, para tornar perfeito [...] o teu cheiro no Paço (do julgamento). Ó alma olorosa do Grande Deus, conténs tão suave perfume que o teu rosto jamais mudará ou perecerá [...] Teus membros tornar-se-ão jovens na Arábia, e a tua alma aparecerá sobre o teu corpo em Ta-neter (Terra divina).

Em seguida, o sacerdote devia pegar um vaso de líquido contendo dez perfumes e derramá-lo sobre o corpo duas vezes da cabeça aos pés, tendo o máximo cuidado para ungir perfeitamente a cabeça. Depois dizia:

> Osíris (o morto), recebeste o perfume que fará os teus membros perfeitos. Recebeste a fonte e tomaste a forma do grande disco, que se uniu a ti para dar a forma duradoura aos teus membros; unir-te-ás a Osíris no Grande Paço.

> O unguento foi a ti para moldar os teus membros e alegrar o teu coração, e tu aparecerás na forma de Rá; far-te-á forte quando chegares ao firmamento, ao anoitecer, e espalharás além o teu perfume nas províncias de Aquert [...] Recebeste o óleo de cedro em Amentet, e o cedro que veio de Osíris chegou a ti; ele te livrou de teus inimigos e te protegeu nas terras. A tua alma iluminou-se sobre os veneráveis sicômoros. Apelaste para Ísis, e Osíris ouviu a tua voz, e Anúbis veio a ti para invocar-te. Recebeste o óleo do país de Manu que vem do Oriente, e Rá se ergueu sobre ti nas portas

do horizonte, nas sagradas portas de Neit. Foste para lá, a tua alma está no Céu Superior, e o teu corpo no Céu Inferior [...] ó Osíris, que o olho de Hórus faça com que o maná dele chegue até a ti, ao teu coração, para sempre!

No cristianismo também observamos a importância dos aromas, o Menino Jesus recebeu três oferendas dos reis magos do Oriente; duas delas eram aromáticas. Gaspar, o rei da Índia, ofereceu incenso a Jesus, simbolizando sua divindade, e Baltazar, rei da Arábia, ofereceu mirra, que representa a imortalidade.

Uma forma de trabalhar com os aromas é através dos óleos essenciais. Estes são extratos altamente concentrados, que não podem ser confundidos com essências oleosas (maceração das ervas em óleo) ou com substâncias químicas que produzem aroma. Os óleos essenciais são obtidos pela extração do óleo contido na própria planta. A quantidade de óleo presente na planta varia de 0,01% a 10%. São extraídos através de um processo semelhante ao usado pelos alquimistas. O óleo essencial é a quintessência da alquimia, contém os hormônios naturais da planta. Trata-se da alma do vegetal.

Na Idade Média, no tempo da cólera, os perfumistas raramente contraíam a doença devido aos óleos essenciais possuírem propriedades antissépticas. Na visão da antroposofia, os óleos essenciais são produzidos pela atividade solar. São a manifestação das forças cósmicas do fogo, produzidas pelo "eu cósmico" da planta e, por essa razão, os óleos essenciais são indicados para o corpo astral.

Para desenvolver a massagem xamânica, ou massagem holística, estudei as técnicas de preparo dos óleos corporais a fim de oferecer suas propriedades terapêuticas aos pacientes. Cada óleo tem seu efeito curativo próprio e, para obter um resultado eficaz, o terapeuta deve conhecer as necessidades do paciente e empregar matérias-primas de qualidade.

Os óleos essenciais são encontrados principalmente na França e na Índia. Foi na primeira metade do século XX que o perfumista francês René-Maurice Gattefossé consagrou o termo *aromaterapia*. Gattefossé inaugurou o mundo dos aromas como terapêutica a partir de um acidente pessoal em seu laboratório, ao ter sua mão gravemente queimada em uma explosão, de imediato a mergulhou numa vasilha contendo óleo essencial de lavanda. Ele ficou espantado ao constatar não somente o alívio do ardor como também as boas condições da pele na região afetada.

Quando puros, os óleos podem ser utilizados por meio de ingestão, inalação, banhos e compressas. Eu os utilizo na forma de óleos para o corpo. Nas aulas da Roda de Estudos de Xamanismo Universal, os alunos aprendem a produzir de forma artesanal seus próprios óleos. A preocupação com a qualidade me fez restringir a produção aos meus alunos e pacientes. Uso a receita de Shirley Price encontrada em seu livro *Guia prático de aromaterapia*. É preciso estar atento, pois há no mercado óleos para o corpo à base de minerais. A base carreadora, substância que servirá de veículo para a diluição dos óleos essenciais, deve ser pura e de origem vegetal, pois as de origem mineral são meros lubrificantes, não servindo para a finalidade terapêutica, uma vez que não penetram profundamente na pele.

RECEITA DE UMA BOA BASE

Para 50 ml.
- 5% de óleo vegetal de abacate.
- 5% de óleo vegetal de germe de trigo.
- Completar a quantidade com óleo vegetal de semente de uva.
- 10 a 15 gotas de óleo essencial (dependendo do aroma).

Após a preparação, os óleos devem ser acondicionados em frascos âmbar para proteger suas substâncias fotossensíveis da claridade, que compromete as propriedades terapêuticas do óleo. A combinação desses três óleos vegetais nutre a pele, combate as rugas e a descamação, proporciona bem-estar, sem lambuzar e deixar o corpo rançoso, além de penetrar profundamente na pele.

Fazer um óleo é como criar um ser. Quando preparamos a base, estamos criando o corpo material do óleo, e quando adicionamos nele o óleo essencial, damos a esse corpo uma alma. Consciente disso, crie um ambiente propício para o preparo dos óleos. Purifique o local, trabalhe com pedras de cura, escute músicas egípcias e, principalmente, cultive boas intenções e amor.

ALGUNS ÓLEOS E SUAS PROPRIEDADES MÁGICAS

- *Alecrim*: óleo regido pelo Sol. Usado para a proteção contra a magia negra. Atua no corpo astral, na memória fraca e na estafa. Destrói o ódio e domina o medo. É também indicado para banhos rituais. Além disso, ameniza a depressão, a bronquite, as dores musculares, sendo bom para o coração e para o cabelo e a pele seca.
- *Alfazema*: óleo de Mercúrio. Usado para a cura, para melhorar as finanças, acumular energia e pacificar relacionamentos. Indicado como cicatrizante, para queimaduras, retenção de líquidos, gazes, calmante do corpo astral, enxaqueca, síndrome pré-menstrual, palpitações, insônia e pele oleosa.
- *Cravo*: óleo de Júpiter. Usado para ungir, curar e energizar. É afrodisíaco, anestésico, sendo bom para dor de dente. Ameniza problemas respiratórios e urinários. Fortalece a memória.
- *Folha de laranjeira*: óleo do Sol. Usado para curar e clarificar a mente. É refrescante e estimulante. Ameniza a depressão, o cansaço mental, a confusão e a ansiedade.

- *Folhas de canela*: óleo de Marte. Usado para ungir e para fortalecer e revitalizar a aura. Tem propriedade parasiticida, sendo indicado no tratamento de infestação de piolhos e sarnas. Atua na melhora da circulação.
- *Gengibre*: óleo de Marte. Tem aroma quente. Usado como energizante físico e sexual. É indicado para impotência, problemas respiratórios e dor de garganta, dores musculares, febre, diarreia e enxaqueca.
- *Ilangue-ilangue*: óleo de Mercúrio. Usado em ritos sexuais, ativa a energia sexual. "Ilangue-ilangue" significa "a flor das flores". É afrodisíaco, sendo indicado para frigidez e impotência, mas também para raiva, medo e frustração.
- *Menta piperita*: óleo de Vênus. Usado para afastar o mal e atrair coisas boas, clarear o pensamento e acalmar os nervos. É indicado para náusea, dores musculares, problemas respiratórios, febre, depressão e estafa.
- *Patchuli*: óleo de Marte. Usado para afastar o mal e a negatividade, ajuda a pacificar conflitos conjugais. Atua como descongestionante e bactericida. Por sua propriedade regenerativa de tecidos, é indicado para herpes, rachaduras na pele e rugas, além de amenizar a ansiedade e a depressão.
- *Sálvia*: óleo de Júpiter. Usado para purificar, curar e restabelecer as energias. Para fraqueza em geral, problemas respiratórios e nervosos, úlcera,

esterilidade e hipotensão, sendo usado também na preparação para o parto. Tem propriedade depurativa, pois purifica o organismo de suas toxinas.

AS ÁRVORES

Segundo Mario Mercier, a árvore é um ser de cabeça para baixo. Suas raízes representam a cabeça, e a formação de seus ramos revela seu psiquismo. No xamanismo norte-americano as árvores são chamadas de "Povo em pé". Os portais das florestas são marcados por árvores de mesmo tamanho alinhadas na mesma posição, formando uma entrada em linha reta. Antes de atravessar os portais, oferecemos aos espíritos da floresta tabaco e farinha de milho.

CERIMÔNIA DA ÁRVORE FLORESCENTE

Nas terapias corporais é comum o ritual de abraçar uma árvore para recuperar a nossa energia, e há diversas cerimônias que empregam as árvores em seus ritos. O ritual a seguir envolve o questionamento do nosso sistema de crenças.

1. Escolha uma árvore para abraçar. Leve para a cerimônia papel e caneta ou, se preferir, um gravador. Pergunte à árvore:

— Você está disposta a me ouvir?

2. Caso sinta que a resposta é negativa, talvez a árvore esteja doente. Assim que obtiver a resposta, coloque no pé da árvore tabaco ou farinha de milho. Sente-se de costas para ela olhando para o sul, e pergunte:

— Porque eu nego ou oprimo as minhas emoções?

3. Essa pergunta é a chave para abrir a mitologia de sua família. Em sua mente, talvez você veja passar um filme sobre como a sua família lida com as emoções. Pergunte à árvore:

— Quais são os sistemas de crenças que recebi desta família?

4. Levante-se dando uma volta na árvore no sentido horário, sente-se de frente para o norte, e pergunte:

— Quais são os sistemas de crenças que bloqueiam a minha inspiração?

5. Levante-se dando uma volta na árvore no sentido horário, sente-se de frente para o oeste, e pergunte:

— Como desrespeito meu corpo físico?

6. Levante-se dando uma volta na árvore no sentido horário, sente-se olhando para o leste, e pergunte:

— Como resisto ao meu fogo criativo? E porque tenho medo da minha verdadeira criatividade?

7. Observe os pontos de desequilíbrio. Onde você sente que sua energia está mais concentrada? Despeça-se da árvore e lhe agradeça.

CONEXÃO COM OS ESPÍRITOS DAS PLANTAS

Antes de tudo, é preciso calma e paciência para se conectar com os espíritos vegetais. A conexão é estabelecida apenas quando a mente está limpa e relaxada. Você pode *viajar* com seu animal guardião e pedir a ele que o conduza até a sua planta pessoal, ou ainda, pode meditar na própria planta, aprendendo com ela sobre suas qualidades e seu modo de preparo, como faziam os xamãs.

AS PLANTAS DE PODER

As plantas foram umas das primeiras formas de vida vegetal na Terra, elas têm uma profunda relação com o Sol e com a Lua. Delas são obtidos os princípios ativos empregados nos medicamentos. Algumas plantas, porém, transportam a mente humana para as regiões espirituais, alteram o estado de consciência e nos levam ao mundo profundo, nos reconectando com nossos ancestrais. O uso de plantas sagradas tem feito parte da experiência humana há milênios. Estas não devem ser confundidas com as "drogas", que causam dependência química e colocam em risco a saúde de quem as consome. Cada planta sagrada abriga um ser. Nada que foi criado por Deus é ruim ou uma droga. As drogas foram criadas pelo ser humano. Por falta de conhecimento, algumas pessoas rotulam as plantas de poder como psicodélicas, alucinógenas, tóxicas, drogas etc., o que é compreensível, porém quem as rotula dessa maneira, provavelmente, nunca teve a coragem de conhecê-las.

Como foi mencionado anteriormente, tudo que há no Universo possui a dimensão da luz e a da sombra, portanto devemos saber em qual dimensão do ser pretendemos trabalhar. Na dimensão da luz, as plantas de poder são consumidas apenas nos rituais. Obedecem a preceitos mágico-religiosos para poder proporcionar a cura, o autoconhecimento e a expansão da consciência. No xamanismo, mesmo entre os praticantes que não usam as plantas de poder, há a compreensão e o respeito por sua força. Elas são conhecidas como plantas mestres, plantas professoras, plantas de conhecimento e plantas sagradas.

Este capítulo não tem o objetivo de incentivar a utilização das plantas de poder, mas cumpre-me registrar aqui o fruto da pesquisa e a experiência pessoal que tive ao longo de minha caminhada xamânica, sem preconceito e deslumbramento. O uso das plantas de poder no xamanismo é uma experiência opcional e individual, não invalidando outras formas de expansão da consciência, tais como o tambor, a dança, a meditação, a música, a respiração, entre outras. Muitos estudiosos, cientistas, antropólogos e físicos que escreveram sobre o xamanismo também tiveram experiências com as plantas de poder, mas isso não significa que eles continuaram fazendo uso delas. Entre esses pesquisadores, destaco: Alan Watts, Aldous Huxley, Alex Polari, Bruce Lamb, Carl A. Hammerschlag, Carlos Castañeda, Edward MacRae, Fred Alan Wolf, Michael Harner, Terence Mckenna, Timothy Leary e William Burroughs.

As plantas de poder em suas diferentes espécies fizeram e fazem parte de cerimônias e rituais em todos os continentes e entre todos os povos que praticam o xamanismo, com exceção dos esquimós, mesmo porque as plantas não nascem na neve. Uma exploração mais detalhada sobre o tema será exposta no próximo livro que pretendo lançar sobre esse tema especificamente.

Com as obras de Castañeda, abriu-se uma porta para a observação do uso das plantas que promovem a expansão da consciência, porém já havia sinais de sua utilização em escrituras sagradas. Sabe-se, por exemplo, que os sacerdotes védicos usavam o soma para entrar em contato com o reino celestial, e que o rei Salomão era mestre no conhecimento de algumas plantas de poder. Os druidas tomavam uma poção que lhes conferia força e coragem, mas é entre os povos nativos que se tem um relato mais preciso da utilização das plantas sagradas. Hoje, existem comunidades religiosas que empregam as plantas de poder como sacramento em seus rituais, tais como a Igreja Nativa Americana que usa o peiote; o catimbó que usa a planta jurema; a União do Vegetal, o Santo Daime e a Barquinha que usam a *ayahuasca*; e os rastafáris, que usam o haxixe etc.

As plantas de poder aumentam a percepção, a acuidade visual e auditiva, e transportam o praticante para outras camadas vibracionais, ou dimensões. A experiência é individual, algumas pessoas têm visões, outras canalizam mensagens de diferentes planos, outras ainda fazem regressão de memória a vidas passadas, recebem *insights*, obtêm clareza para solucionar problemas, percebem a causa de doenças, recebem a cura, se conectam com arquétipos, mitos, medos, traumas, com símbolos que fazem parte do inconsciente coletivo, enxergam entidades espirituais e fazem viagens astrais. O uso ritualístico das plantas de poder oferece, sem dúvida, uma experiência mítico-religiosa de beleza incomparável, proporcionando o *samadhi*, o êxtase, o nirvana, o encontro com o Eu Superior, o transe. A palavra "alucinógeno" está sendo substituída por "enteógeno", que deriva do termo grego *"entheos"* e significa "Deus dentro". Existe uma riqueza enorme de plantas de poder na Mãe Terra, somente no Brasil já foram registradas centenas de espécies. Veremos a seguir as características das plantas de poder mais conhecidas no universo do xamanismo.

Amanita (*Amanita muscaria*)
Trata-se de um cogumelo vermelho com manchas brancas, utilizado principalmente no xamanismo siberiano. Alguns pesquisadores chegam a afirmar que o amanita é o próprio soma dos hindus.

Ayahuasca (Banisteriopsis caapi e Psychotria viridis)
A bebida *ayahuasca*, fruto da decocção do cipó *Banisteriopsis caapi*, conhecido como *jagube*, e da folha *Psychotria viridis*, chamada de *rainha* ou *chacrona*, é popularmente conhecida por "yagê", "caapi", "nixi honi xuma", "vegetal", "daime" etc. Seu nome mais popular,

ayahuasca, é de origem quíchua. Era usada pelos povos pré-colombianos, como os incas, e pelos nativos da Amazônia. Também é conhecida como o "vinho da alma", "pequena morte" e "Liana dos espíritos". É a bebida tomada nos rituais do Santo Daime nas comunidades brasileiras União do Vegetal, Barquinha, entre outras, sendo adotada também por xamãs peruanos e bolivianos.

Cannabis sativa

Planta originária da Ásia, da qual também é extraído o haxixe e o *kif*. A planta é citada no Velho Testamento, cantada e louvada por Salomão, que a chamava de cálamo. Ritualisticamente era utilizada em cerimônias de concentração e exorcismo. No Brasil era adotada pelos escravos africanos que já conheciam suas propriedades. Há relatos do uso da *Cannabis sativa* como anestésico na China que datam de 2700 a.C. A planta era empregada com fins terapêuticos por africanos e asiáticos para aliviar a tosse, a dor de cabeça e as cólicas menstruais.

Os derivados da *Cannabis* hoje são empregados no tratamento de doenças neurodegenerativas, como Alzheimer e Parkinson, e em quadros de epilepsia, autismo, ansiedade, depressão, TDAH (transtorno do déficit de atenção com hiperatividade) e no alívio de dores crônicas, como a fibromialgia. Ademais, a planta é usada como auxiliar no tratamento de AIDS e de câncer. Segundo o portal da Câmara, em junho de 2021, a comissão especial da Câmara dos Deputados que analisou o Projeto de Lei 399/15 aprovou parecer favorável à legalização do cultivo da *Cannabis sativa* no Brasil, exclusivamente para fins medicinais, veterinários, científicos e industriais. Em 2022, o Conselho Federal de Medicina (CFM) publicou uma nova resolução sobre a prescrição de *Cannabis* medicinal no país. O texto atualiza a orientação em vigor desde 2014, que foi a primeira a regulamentar o uso de medicamentos à base da planta no Brasil. Em janeiro de 2023, a Lei 17.618/2023 instituiu no Estado de São Paulo a política estadual de fornecimento gratuito de medicamentos à base de canabidiol. A sanção ocorreu após a Assembleia Legislativa ter aprovado a proposta, em dezembro de 2022.

Coca (*Erythroxylum coca*)

Não confundir com a cocaína. Refiro-me à folha em seu estado natural. No Peru, a coca é considerada a síntese das plantas de poder. Suas folhas eram usadas pelas sacerdotisas em um jogo divinatório. Ritualisticamente a folha de coca é mascada junto com uma resina chamada lifta, planta arbustiva da família das solanáceas, originária dos Andes, que é usada tradicionalmente na cultura andina como complemento às folhas de coca, pois ajuda a potencializar seus efeitos estimulantes e energéticos. Tanto no Peru quanto na Bolívia, o ipadu, planta semelhante à coca, mas com menor potencial alcaloide, tem até hoje grande importância econômica na produção de chás.

Cogumelo (*Psilocybe cubensis*)
Era considerado sagrado pelos maias. Muito empregado na América Central, este cogumelo nasce sobretudo no esterco do gado zebu que, por ser rico em nutrientes, é considerado um substrato ideal para o cultivo de cogumelos. Geralmente é ingerido por mastigação ou na forma de chá.

Jurema negra (*Mimosa hostilis*)
Conhecida também como espinheiro-preto. É uma árvore muito popular no Nordeste do Brasil. A casca e a raiz são maceradas em água, vinho ou cachaça. É desta planta que se origina o famoso "vinho da Jurema", citado na obra *Iracema*, de José de Alencar. É usada nos rituais do catimbó e nas pajelanças.

Peiote (*Lophophora williamsii*)
É um cacto globoso usado principalmente nos Estados Unidos pelos apalachianos e mescaleros. Seu nome é derivado da mescalina, o princípio ativo do peiote. É o sacramento da Igreja Nativa Americana. O peiote é muito citado nos livros de Carlos Castañeda. Era usado em rituais sagrados da América pré-colombiana.

São Pedro (*Echinopsis pachanoi*)
Trata-se de um cacto que chega a mais de dois metros de altura e tem a mescalina como princípio ativo. A denominação São Pedro lhe foi atribuída porque é dito

que essa planta dá ao iniciado a chave para entrar no céu. Seu nome quíchua é *wachuma*. É utilizado por xamãs peruanos.

Tabaco (*Nicotiana tabacum – Nicotiana rustica*)

Aqui vamos abordar o tabaco selvagem, o xamânico, e não o tabaco industrializado, o cigarro. O tabaco sempre foi reconhecido pelos nativos como uma planta de poder, porém caiu em mau uso pelo homem branco, perdendo sua força original e seu poder, e transformando-se numa substância viciante, responsável por males terríveis ao organismo. A diferença entre o tabaco selvagem e o industrializado é profunda.

O tabaco é uma planta muito poderosa e curativa quando usada em seu estado original e do modo correto. É empregado pelos povos ameríndios tanto para alterar o estado de consciência como nos processos de purificação e nas orações.

Teonanácatl (*Psilocybe mexicana*)

É o cogumelo milenar dos nativos mexicanos. Conhecido como "Carne de Deus", era usado em eventos sagrados e servido com mel ou chocolate. É considerado um ser sagrado pelos curandeiros do México, usado para se atingir a compreensão do Universo e para se conectar com os seres celestiais. Há inúmeras espécies desse cogumelo.

Virola (*Virola calophylla*) ou paricá (*Piptadenia peregrina*)
Vem das sementes leguminosas (paricá) ou das cascas do tronco (virola). Utilizado por nativos brasileiros em forma de pó, como rapé, sendo aspirado através de tubos pelas narinas.

EXPERIÊNCIA PESSOAL

A seguir compartilho com o leitor minha experiência com as plantas de poder em trabalhos auxiliados por grandes mestres xamânicos. O relato das experiências a partir de minha pesquisa sobre as plantas de poder não tem a intenção de incentivar o leitor a experimentar as ervas. Como observado anteriormente, para praticar o xamanismo não é necessário passar por tais experiências. As plantas sagradas são um caminho individual e opcional.

Santo Daime
Santo Daime é ao mesmo tempo o nome da bebida e da doutrina xamânica da floresta brasileira. Nos anos 1930, no interior da Floresta Amazônica, o neto de escravos Raimundo Irineu Serra, o Mestre Irineu, recebeu de um xamã o conhecimento da *ayahuasca*. Foi tomando essa bebida que ele teve a visão, chamada "miração" pela comunidade daimista, de Nossa Senhora da Conceição, que lhe passou os fundamentos da doutrina. O nome

FIGURA 7. Expedição para a colheita do cipó *jagube* na Floresta Amazônica. (Acervo do autor)

"daime" vem do verbo "dar", no sentido expresso por: "Dai-me luz", "Dai-me amor" e "Dai-me força".

A doutrina do Santo Daime também teve seu seguimento através do líder religioso e seringueiro Sebastião Mota de Melo, o Padrinho Sebastião, que fundou em 1983 a Vila Céu do Mapiá na região do Médio Purus, no Amazonas. A vila é formada por mais de mil pessoas e serve como centro de peregrinação para daimistas, dando apoio assistencial e espiritual à população que vive em torno dela. Hoje a comunidade é comandada por Alfredo Gregório de Melo, filho do Padrinho Sebastião.

A bebida é o sacramento espiritual da doutrina, e os trabalhos seguem o calendário das festas cristãs, tais como Festa Junina, Natal, Finados etc. Os trabalhos acompanham o ritual do bailado (dança de poder) e a entoação de hinos (canções de poder) de louvor a entidades da floresta, à Sagrada Família (Jesus, Maria e José), aos orixás, às divindades do Oriente, aos animais sagrados, às manifestações da natureza, ao Sol, à Lua, às estrelas e a Deus. Os rituais têm duração de oito a doze horas. Há diversas frentes de trabalho, como de cura, de instrução, de feitio (preparo da bebida), entre outras. O ritual de concentração (meditação) também faz parte desses trabalhos.

Conheci o Santo Daime através do jornalista Romeu Graciano, um grande amigo e irmão espiritual, que estava fazendo uma reportagem sobre o Daime para a revista esotérica *Planeta*, e me convidou para acompanhá-lo. Fomos então à cidade de Visconde de Mauá, no Rio de Janeiro, procurar a Comunidade Céu da Montanha, presidida pelo padrinho Alex Polari. Chegando lá meus sentidos captaram que algo importante estava para acontecer em minha vida. Senti dificuldade de conter minha ansiedade e o deslumbramento que experimentei com aquela magnífica paisagem. Estar ali presente já alterava meu estado de consciência.

Nosso guia nessa aventura espiritual foi o casal Ricardo e Carmem, hoje meus grandes amigos, eles nos deram as instruções preliminares, tais como a abstenção de álcool, sexo e carne nos três dias que antecedem o trabalho. Antes de participar do ritual, passamos por uma entrevista de avaliação e por uma reunião de novos participantes, em que fomos informados da natureza do trabalho e de suas normas ritualísticas.

Chegando o dia do ritual, fomos para a igreja, que lembra uma nave espacial no meio da mata. Tudo era belo, as mulheres estavam vestidas de verde e branco e usavam coroas, e os homens trajavam terno branco e gravata azul. Essas vestimentas são chamadas de fardas (trajes de poder) pela doutrina. A igreja era impecavelmente limpa. No centro, havia uma mesa no formato da Estrela de Salomão. Violões, atabaques, maracás, sanfonas e flautas constituíam uma verdadeira orquestra espiritual. O salão era organizado de modo que os homens formassem filas de bailado de um lado e as mulheres, do outro, lembrando o símbolo do Tao (*yin-yang*).

O início do trabalho é marcado pelo ritual de defumação e seguido pelas orações cristãs Pai-Nosso e Ave-Maria. Logo após a reza vem o momento mais esperado, o despacho, que é a distribuição da primeira dose de Daime. Imediatamente após o despacho, os participantes formam a fila do bailado, faz-se a consagração do aposento através de uma oração e é iniciado o canto do hinário. Minutos após tomar a bebida eu já podia sentir uma agradável sensação em meu corpo. Parecia tão leve que em alguns momentos tive a sensação de estar flutuando.

Tive a impressão de que os hinos vinham de outro mundo, a beleza dos cânticos não se comparava a nada do que eu ouvira até então. Logo após tomar a segunda dose, eu não conseguia mais ficar em pé e me sentei. Me impressionava o fato de as pessoas conseguirem cantar, bailar, tocar instrumentos e fazer defumação com a manifestação tão potente da bebida. Comecei a sentir medo, achando que a coisa era realmente comigo. Uma força poderosa me invadiu, porém, por desconhecê-la eu a repeli. Cheguei a pensar que ia morrer ali, senti vontade de ir embora e me livrar daquela sensação de agonia, até que uma voz poderosa vinda do meu interior me falou: "Léo, você está passando por esse apuro porque não está se entregando. Você está mais preocupado em entender do que em vivenciar. Confie, entregue-se. Relaxe a sua mente e o seu corpo. Pare de raciocinar".

Decidi então fazer o que a voz me aconselhou. Naquele momento, voei nas asas da águia por cima de um grande vale. Senti que não estava mais presente no local. A única coisa que me ligava ao salão era o canto dos hinos. Já não sentia mais medo, e sim êxtase. As mirações (visões) se alternavam com a profunda sensação de realidade. Me observei sendo mumificado no Egito. Voei até a encarnação como um nativo norte-americano que dançava ao redor de uma fogueira. Fui até o Peru como um inca. As visões também me permitiam observar os meus defeitos, ou os aspectos pessoais que eu precisava transformar, e não tinha coragem. Consegui compreender o porquê de certas atitudes que eu vinha tomando na vida. Entrei em contato com um ser elemental, um gnomo. Experimentei uma enorme sensação de amor pela natureza e por todos os que estavam no salão. Senti que ali, envolvido por aquele poder, eu estava protegido. Tive diversas visões e esclarecimentos, e muito material para trabalhar na minha jornada.

Quando terminou o ritual, no qual foram servidas quatro doses de Daime, eu compreendi o valor do amor, da verdade, da harmonia e da justiça.

Ayahuasca, no Peru

Fui ao Peru encontrar-me com o meu irmão espiritual, o xamã Agustin, para a realização de diversos trabalhos xamânicos. Naquela ocasião, Agustin apresentou-me o xamã Mateo Arévalo, um nativo da tribo Shipibo, homem de conhecimento na utilização da *ayahuasca*. Minha passagem com Mateo muito lembra a de Castañeda com seu personagem Don Juan, líder de um grupo de xamãs mexicanos. Mateo foi um grande professor para mim. Fiquei hospedado no mesmo quarto que ele, o que possibilitou muitas conversas e entendimentos. Ele me falou de seu povo na floresta e me contou a história da *ayahuasca*, das curas, das experiências espirituais e de outras plantas de poder, tais como o pinhão colorado, o tabaco e o toé (datura).

Para o início dos trabalhos, juntou-se a nós um grupo de norte-americanos que também vinha em busca de experiências xamânicas. No primeiro trabalho realizado em um sítio em Lima, na capital do Peru, houve como de praxe uma reunião de instrução. O trabalho foi iniciado por volta das 22 horas. Mateo, veio todo paramentado com seu traje de poder, *la pipa* (cachimbo), perfumes e um litro de *ayahuasca*. Ele começou pedindo aos participantes para que cada um rezasse do jeito que sabia, em seu íntimo. Na hora rezei um Pai-Nosso e uma Ave-Maria, e me firmei no meu animal guardião.

Antes de servir a *ayahuasca*, Mateo cantou um ícaro (canção de poder), soprando a fumaça de tabaco no bocal da garrafa, e deu início à distribuição. A bebida estava bem concentrada, lembrava um mel, não pelo gosto, mas pela densidade. Em poucos minutos comecei a sentir a manifestação. O céu estava cravejado de estrelas, era como se pudesse pegá-las com as mãos. O poder da *ayahuasca*, chamado entre os xamãs peruanos de *la mariacion*, se intensificava a ponto de eu não sentir mais o corpo, a respiração tornara-se difícil, tive a sensação de que meu crânio iria se despedaçar como um quebra-cabeças, até que Mateo chegou perto de mim e me perguntou:

— *¿Hey, Léo, cómo esta la mariacion?* — eu respondi:
— *¡Muy fuerte, chamán, pero és buena!* — e Mateo exclamou:
— *¡Si, fuerte, ufa, ufa, ufa!* — e saiu sorrindo.

Naquele momento achei tão divertido o gesto e o bom humor de Mateo que comecei discretamente a dar risada e, ao parar, percebi que havia me harmonizado com a força. Se na ocasião Mateo tentasse me dar algum conselho, provavelmente eu permaneceria naquele estado de tensão. Ele mostrou sua sabedoria usando apenas o bom humor. O xamã fez com que eu relaxasse minha couraça, me trouxe alegria e, desencadeando outra química corporal, levantou o meu astral. Daquele momento em diante eu entendi que sorrir é um grande remédio para as nossas preocupações. Aprendi que ficar de cara amarrada ou assumir uma postura rígida não significa ter seriedade. Para transmitir seriedade basta ter respeito. Com alegria é possível melhorar o dia a dia, independentemente das situações difíceis, sorria para alegrar a sua alma e a de quem está ao seu redor.

A partir daquele momento tive uma visão magnífica. Olhando para o céu, vi uma bola dourada que rasgava a escuridão vindo na minha direção. Contemplei a figura de um enorme leão, com uma imensa juba que balançava para frente e para trás na velocidade do voo, chegando e parando na minha frente como se quisesse se apresentar. O leão fitava-me, e eu não sentia medo, e sim deslumbramento. A águia em muitas doutrinas xamânicas é considerada um leão alado. Mais tarde, conversando com Mateo, pude testar o entendimento dessa visão. Ele me disse:

— A *ayahuasca* abriu o seu mundo. Seu mundo é dos leões. Você sabe o que está por trás de seu nome, Léo? Léo é Leão. Você, de agora em diante, também deve passar a trabalhar com ele.

Num dado momento do ritual, Mateo acendeu a *pipa* e começou a cantar um ícaro. Naquela ocasião, senti necessidade de usar o cachimbo. Após encerrar o canto, cheguei perto de Mateo e lhe perguntei:

— Ei, xamã, *la pipa* não pode ser compartilhada? — ele respondeu:
— Escuta, *la pipa* faz parte do ritual. Ela é passada de xamã para xamã. Outros já a usaram antes de mim. Para usá-la é preciso conhecer seus fundamentos. Se tu queres fumar, usa um cigarro qualquer.

A resposta caiu na minha cabeça como uma bomba. Senti-me estúpido. Pensei em explicar que também tinha um trabalho espiritual com o cachimbo, mas preferi calar-me, lamentando não ter ficado de boca fechada. Simplesmente respondi:

— Desculpe-me, eu não quis ofendê-lo! Só estou aqui para aprender.

Cerca de dez minutos depois, Mateo voltou a se sentar ao meu lado, e perguntou-me:

— Ei, Léo! Tu tens *una pipa?* — E eu respondi:
— Não, xamã. O senhor sabe como posso conseguir uma? — Mateo exclamou:
— Depois com tempo eu vou ver!

Não toquei mais no assunto da *pipa*, deixando o pedido no astral. No terceiro trabalho de *ayahuasca* nas matas de Puerto Maldonado, no interior da Amazônia peruana, veio a recompensa. Num determinado momento daquele trabalho, Mateo se aproximou de mim e disse:

— Ei, Léo! Podes me fazer um favor? Gostaria que tu pegasses *la pipa* e soprasses fumaça na minha cabeça e no meu peito.

Para quem não sabe, esse é um gesto ritual feito por um xamã para nivelar e harmonizar as energias. É preciso muita confiança para deixar alguém trabalhar na sua cabeça. Me senti recompensado pela paciência.

Outra experiência, em meio a tantas, aconteceu num outro trabalho em Lima. Eu estava em plena força da *ayahuasca* quando Mateo me explicou sobre outra planta de poder, o pinhão colorado. Dizia ele que o pinhão trazia *la purga*, ou seja, permitia profundos processos de limpeza no corpo físico e que também levava a fortes visões. Em seguida Mateo veio até mim, e falou:

— Léo, se eu trouxesse um copo de pinhão colorado agora, tu tomarias?

A pergunta dele me deixou meio perturbado. Estávamos no ápice do trabalho, eu nem sequer imaginava tomar outra dose de *ayahuasca* quanto mais uma bebida que não conhecia, sobretudo sabendo que as manifestações no corpo físico não eram lá muito agradáveis. Respirei fundo, fui até o meu coração, e respondi:

— Xamã, qualquer coisa que o senhor trouxer para beber, eu tomo. Faço isso porque confio no senhor e sei que estou em boas mãos. Sei que quer apenas o que é bom para mim.

Naquele instante Mateo saiu dando uma gostosa gargalhada. Fiquei na expectativa por alguns momentos, porém ele não me trouxe a bebida, e pude respirar aliviado. Mateo e eu ficamos amigos. A partir dessa amizade tudo fluiu naturalmente. Eu o ajudava na limpeza (defumação), cantava canções de poder, tocava tambor, auxiliava no atendimento aos outros e aprendia muito. Mateo, então, iniciou-me na magia da *ayahuasca*. Trabalhou no meu corpo espiritual me passando uma arcana medicinal, um escudo de proteção para ser usado nos trabalhos. Passou um ícaro na minha cabeça e no meu peito para eu saber dosar melhor as energias da *mariacion,* e me disse:

— Eu te passo meu ícaro para que, quando tu estiveres com teu povo no Brasil, fazendo trabalhos com *ayahuasca*, estejas protegido da má palavra, da menstruação das mulheres*, das pessoas que fazem mau uso da bebida e que praticam a má medicina. Quando estiveres na *mariacion* da *ayahuasca*, tu vais escutar o meu canto, e eu estarei contigo.

---

* Em algumas tradições, acredita-se que as mulheres menstruadas podem interferir na capacidade de o xamã se conectar com os espíritos, pois elas estão altamente magnéticas.

Ao despedir-me de Mateo no Peru, ele me deu um colar de proteção feito com sementes e uma garrafinha com um preparado à base de tabaco para proteger *la corona*, o chacra coronário.

O canto da *ayahuasca*
(Tradução do ícaro passado por Mateo)

Para regulação e nivelação de energia,
meu formoso canto,
meu formoso canto.

Emana sua energia até o céu,
até o mar ou rio,
até a terra.

Meu formoso canto
da energia da ayahuasca
e da chacrona.
Emana sua energia para regular
e nivelar suas energias
de saúde e bem-estar entre as mulheres
e homens desta mariação.

Na grande mesa da mariação,
da ayahuasca, saímos com
corpo, alma, espírito e mente
livrando-nos da mariação louca.

Chegando assim ao mundo maravilhoso de Deus,
onde há e emanam as fragrâncias
das flores maravilhosas do Universo
que, ao impregnar-se em um,
dá-nos as energias de conhecimento
e saber, abrindo-nos as portas
do mundo medicinal da ayahuasca,
onde tudo é felicidade, paz e amor.

São Pedro, no Peru

Embora eu tenha conhecido o cacto São Pedro, ou *wachuma*, aqui no Brasil através do xamã Agustin, considero relevante compartilhar com o leitor a experiência proporcionada por essa planta sagrada devido ao intenso poder de suas revelações.

Agustin e eu estávamos em Machu Picchu, a cidadela que fica no alto da cordilheira dos Andes, no Peru. Decidimos realizar um trabalho nas ruínas históricas do Império Inca e lá fomos, acompanhados por um grupo de estrangeiros. Cabe lembrar que é proibido permanecer nas ruínas após determinado horário. Chegamos à tarde, e por volta das 21 horas o trabalho foi iniciado. Nosso grupo estava a sós, não havia mais ninguém presente a não ser os espíritos de Machu Picchu. Fomos acompanhados por dois flautistas que ficaram tocando flautas andinas, ajudando na harmonização do trabalho. Após duas horas, já na segunda dose de

São Pedro, as visões tiveram início. Machu Picchu por si só já conduz qualquer um ao estado alterado de consciência. Eu podia perceber os espíritos incas como se tivesse voltado no tempo, via os rituais, a Festa do Sol. Olhando para cima, num dado momento, as nuvens se transformaram num imenso condor. Pude compreender sem palavras a cosmologia do povo inca, do legítimo Império do Sol.

Pedi a Agustin que nos falasse um pouco sobre a civilização inca. Ele nos indicou uma pedra e sugeriu que encostássemos a testa nela. Que sábia explicação! Foi como ter feito um *download* em minha mente. Me emocionei ao perceber que eu fazia parte daquela história. Havia resgatado naquele instante uma parte de mim que se achava perdida no tempo e no espaço. No alto da cordilheira dos Andes, as nuvens passavam por entre nós, parando nos joelhos, e mais acima o céu estava limpo e repleto de estrelas, as nuvens iam formando fendas, possibilitando a visão da cidade lá embaixo. Tive a impressão de estar no céu, caminhando pelas nuvens.

Iniciamos o trabalho nas Fontes Sagradas, ponto que fica a 850 metros ao sul da cidade, onde as águas corriam por um canal de pedra sendo despejadas por cima de um terraço, o Templo do Sol. Estávamos em um centro religioso onde eram realizadas as principais festas sagradas do calendário inca e os cerimoniais dedicados à água (de setembro a março) e à agricultura. Esse centro também era considerado um espaço de purificação para iniciados e sacerdotes, por lhes conferir renovação e conhecimento místico. Era de costume os sacerdotes fazerem oferendas em conchas marinhas, chamadas "filhas do mar". As conchas eram o alimento dos deuses de Yakumama, serpente considerada a mãe de todas as criaturas da água. Neste trabalho, pude contemplar animais guardiões nos portais da cidade e compreender que Machu Picchu ainda vive muito habitada.

La cocamama, no Peru

Em Cusco tive uma experiência gratificante com Edwin Flores, ou Küichy. Fomos até o Templo da Serpente para fazer uma meditação com as folhas de coca. Para muitos peruanos, a coca é considerada a síntese das plantas de poder. Os incas a mascavam para suportar as grandes altitudes, para matar a fome e, além disso, se beneficiar de suas propriedades terapêuticas. Eu sabia que Machu Picchu traz a palavra "coca" em seu nome, "Picchu" refere-se ao "ato de mascar a coca", muito embora o seu significado seja "Cidade da Paz".

Dizem que se não existisse a coca, não existiria o Peru. Entre os incas não havia nenhum ritual em que não estivesse presente a folha de coca. *La cocamama* é o espírito que habita as folhas de coca. A planta era oferecida aos deuses e usada na magia da adivinhação, como nas cartas de tarô. A coca era usada em hematomas e pulverizada para estancar feridas. Há histórias orais ou lendas sobre um templo ou local sagrado associado ao uso da coca, mas não há registros históricos verificáveis que detalhem sua localização. De acordo com algumas fontes, o Templo da Coca em Cusco, no Peru, teria sido um local sagrado onde a planta era usada em cerimônias religiosas pelos incas. Acredita-se que a deusa Cocamama, que é considerada a guardiã da coca, teria sido adorada neste templo.

Quando os espanhóis chegaram a Cusco, eles destruíram muitos templos e locais sagrados dos incas, incluindo o Templo da Coca. Durante a invasão da América do Sul, os conquistadores espanhóis queimaram plantações de coca, não respeitando seus fundamentos sagrados, foi quando surgiu a maldição dos incas: "Assim como os brancos destruíram as folhas de coca, as folhas de coca destruirão o homem branco". Note-se que através das folhas dessa planta é produzido o veneno chamado cocaína, que mata, destrói e corrompe os homens.

Segundo Edwin, ao mascar as folhas com a mente, "deixamos que o líquido escorra por nossa alma". As folhas de coca são mascadas junto com uma resina denominada lifta. As sacerdotisas costumavam portar um instrumento de poder, uma varinha mágica confeccionada em prata ou cobre com um beija-flor na extremidade. Através do bico do beija-flor a lifta era extraída, juntando-se às folhas a serem mastigadas.

Edwin começou a cerimônia trazendo os maços de coca enrolados com a lifta, dizendo que antes de tudo deveríamos acalentar as folhas, soprando-as suavemente, e depois prosseguiu saudando as quatro direções (pontos cardeais), pedindo que repetíssemos junto com ele:

— *Apu Inti!* (Saudando ao leste o Sol).
— *Apu Pacha Mama!* (Saudando ao sul a Mãe Terra).
— *Apu Huaira!* (Saudando ao oeste).
— *Apu Uno!* (Saudando ao norte).

Se pudesse descrever a energia das folhas de coca em poucas palavras, eu diria que ela tem uma vibração violeta. É muito sutil e oferece diversos *insights*, desde que seja conservado o silêncio mental. Ela pode proporcionar longas horas de contemplação. As experiências com a folha de coca foram para mim um aprendizado de interiorização, produzindo bem-estar e despreocupação com o tempo. Elas significaram a religação com algo muito profundo, mas extremamente sutil, e me conectaram com a energia feminina que inspira a criatividade e o amor, me levando a prestar atenção na beleza da Criação.

Cogumelo (*Psilocybe cubensis*), em Visconde de Mauá, no Rio de Janeiro

Experimentei o famoso cogumelo muito conhecido aqui no Brasil notadamente em regiões de pasto de gado, em cujo esterco ele nasce. Terence Mckenna, xamã e botânico que vive no Havaí, conta em seu livro *Alucinações reais* como ele consegue reproduzir o cogumelo em seu laboratório de plantas de poder. A propósito, proponho ao leitor neste momento a seguinte reflexão: Como nasce esse cogumelo? Pois bem, imaginemos um zebu pastando, comendo todas as plantas que aparecem pelo caminho. Se estas fossem venenosas, o próprio animal morreria. Tudo que o boi ou a vaca come vai para a biomáquina que é o aparelho digestório do animal, e no final do processo vira excremento. Depois de excretado, o Universo o irriga com a chuva. Logo em seguida, vem o sol com seus raios dourados para energizar o excremento. Dessa alquimia da natureza, nasce o cogumelo *Psilocybe cubensis*.

Em um ritual xamânico no qual ingeri o *Psilocybe cubensis*, estabeleci contato com o elemental desta planta de poder. Veio para mim a imagem de um ser enorme e muito sorridente, que tinha uma imensa barriga, passando-me que possuía registros da Mãe Terra e das manifestações do Universo. Senti uma profunda conexão com a natureza, e compreendi que essa planta sagrada não poderia ser ingerida em qualquer lugar nem de forma sistemática. É recomendável evitar a ingestão de cogumelos mágicos em locais públicos, sobretudo em centros urbanos, por várias razões. Primeiro, a experiência com cogumelos mágicos pode ser muito intensa e imprevisível, alterando significativamente a percepção da realidade e a capacidade cognitiva de quem os consome. Em um ambiente urbano, pode haver muitos estímulos visuais e sonoros, o que poderia ser avassalador para quem está sob o efeito dos cogumelos. Além disso, as interações com outras pessoas em um ambiente urbano podem ser estressantes e perturbadoras durante tal experiência, especialmente se elas não estão cientes ou não estão de acordo com o uso dessas substâncias. Portanto, ao consumir cogumelos mágicos, é recomendável estar em um ambiente seguro, na natureza, e com pessoas confiáveis, longe de locais públicos e desconhecidos.

Dizem os erveiros que o cogumelo aparece apenas quando você precisa consumi-lo. Se o procurar sem haver a necessidade, você não o encontrará. Um mateiro me explicou a utilização dos cogumelos da seguinte maneira: "Tá vendo aquele cogumelo lá?", referindo-se à outra espécie. "Aquele a gente não come porque faz mal. Aquele outro ali às vezes a gente usa pra botar na salada. E este", referindo-se ao *Psilocybe*, "este é o seguinte: às vezes a gente tá com a cabeça cheia de problemas, e não consegue arrumar as ideias. Então, a gente come este que é pra *nóiz entendê* como *resolvê*".

Aqueles que estudam botânica mágica afirmam que o cogumelo *Psilocybe* é originário da constelação de Órion. Não posso afirmar isso, porém, me parece que esse cogumelo nos ajuda a estabelecer conexão com a camada interplanetária. Ao experimentá-lo, percebi que minha acuidade auditiva e visual ficou bem amplificada. Tive fortes visões e, além de não sentir fome, não percebi a passagem do tempo. Enquanto tocava os maracás, via labaredas de fogo saindo deles. Nesse trabalho, eu recebi um *insight* que proporcionou grande transformação em minha jornada.

Peiote, nos Estados Unidos

O encontro com o Pai Peiote foi uma descoberta poderosa em minha pesquisa sobre as plantas de poder. O navajo Melvin da Igreja Nativa Americana iniciou a cerimônia espiritual com a Tenda do Suor e depois fomos para uma *tipi* (tenda cônica), onde seria realizado o trabalho com o peiote. Os participantes sentaram-se em círculo em volta de uma fogueira cerimonial. Depois da preleção habitual na qual explicava o ritual, Melvin começou a nos servir o peiote triturado para ser mastigado e engolido, e em seguida nos serviu o chá de peiote. Senti um sabor intenso.

O tamborileiro chefe tocava acelerado o tambor d'água, instrumento que produz um som bem profundo, enquanto eram entoadas as canções de poder do peiote. Em dado momento, foi circulado o tabaco, o mensageiro das preces, que era passado junto com palha de milho para ser confeccionado por aqueles que fariam as rezas. O tabaco é servido apenas no momento da oração, e terminada a prece é oferecido ao fogo. No ritual xamânico, o tabaco não deve ser tragado.

Chegou muita força. Senti uma força masculina penetrante que revelou algumas das minhas fraquezas. Permaneci sentado no chão duro por dez horas e, até então, eu não havia descoberto tantas formas diferentes de me sentar. Esse foi o primeiro desafio: o desconforto. Usando minha mente, aprendi a dominar meu corpo e a sensação de desconforto. Fiquei feliz por vencê-lo. A experiência me forçou a encontrar diferentes maneiras de lidar com a situação e de enfrentar meus próprios limites. Foi um momento de aprendizado e superação para mim.

A fogueira dentro da *tipi* era mágica, jamais participei de um trabalho tão benfeito com o fogo. As brasas serviam de incensário. Tive lampejos muito fortes, manifestações físicas e visões. O canto acelerado potencializava mais a energia. Até a entrada da água na *tipi* era ritualizada, havia o momento certo para ser oferecida, o que lhe dava um sabor especial, incomparável. Um pedaço de pau demarcava uma porteira para o fogo, que só podia ser atravessada quando estava na posição aberta. Tudo funcionava como um relógio, tudo se encaixava. No final do trabalho foram servidas as comidas sagradas. Como em toda cerimônia com plantas de poder, senti profunda conexão com o Universo e com o sagrado. Meu encontro com o Pai Peiote foi marcante, nessa experiência pude conhecer um pouco de sua força, o suficiente para nunca o esquecer.

ALERTA AO LEITOR: as plantas sagradas podem ser perigosas. Nem todos os que dizem conhecê-las, de fato, as conhecem. Elas apenas podem proporcionar resultados benéficos se usadas dentro do fundamento espiritual, consagradas em ritual e preparadas da forma correta. SEJA CUIDADOSO!

A TERRA, O SOL, A LUA, AS ESTRELAS

Segundo o Gênesis, o Sol, a Lua e as estrelas são iluminadores do firmamento, criados para iluminar a Terra. Esses astros representam a luz criadora, a luz refletida e a luz revelada, respectivamente. O Sol participa da criação da Terra, é a evolução criadora. A Lua ilumina a escuridão da vontade humana, a matéria. As estrelas orientam valores e verdades, espaço e tempo.

MÃE TERRA

Devido às condições favoráveis à vida e aos recursos naturais, a Terra possibilitou a existência do homem que, ao longo de sua história evolutiva, foi se adaptando ao meio ambiente e aprimorando suas habilidades para retirar dele tudo que lhe é necessário à sobrevivência, fazendo isso de forma cada vez mais predatória. O homem tem se distanciado de sua origem sagrada, esquecendo que a Terra é a sua mãe. Indiferente aos crimes ambientais cometidos em favor de interesses econômicos, o homem ignora as consequências de suas ações perversas. Cabe a nós defender o planeta e lutar para conscientizar quem despreza a nossa Mãe e vive num mundo ilusório, de olhos fechados para a beleza da Criação. A melhor maneira de agradecer ao Criador é respeitando, honrando e preservando a sua Criação.

A Terra é um ser vivo, a mãe que alimenta todas as criaturas. Ela nos nutre com suas substâncias, recebe nosso corpo a cada vida e o acolhe a cada morte. Como toda mãe, ela provê generosamente às necessidades de suas crianças. Toda criatura que anda, nada, rasteja, corre ou voa é sua criança, não importa se for um inseto, uma pedra ou uma planta. Todas as coisas na face da Terra dividem a vida com os seres humanos e são concebidas pela mente do Criador, por isso devemos honrá-las e ter consciência de nossa missão se desejamos viver em harmonia e andar em equilíbrio na nossa Mãe. Quem pratica o xamanismo deve ter consciência disso e amar verdadeiramente a Terra e todos os filhos dela.

O sentimento de amor e pertencimento que liga os nativos à terra é uma fonte de inspiração para nós. Um exemplo disso é a resposta do Chefe Seattle, líder do povo Duwamish, quando em 1855 o presidente dos Estados Unidos propôs aos nativos a compra de suas terras. A carta atribuída ao Chefe Seattle é considerada um dos mais belos e profundos pronunciamentos na defesa do meio ambiente. Embora haja controvérsia quanto à autoria desse discurso, transcrevo a seguir um trecho que expressa o profundo respeito dos nativos pela terra.

Como é possível comprar ou vender o céu, o calor da terra? Essa ideia nos parece estranha. Se não pertencem a nós o frescor do ar e o brilho da água, como é possível comprá-los? Cada porção desta terra é sagrada para meu povo. Cada galho brilhante de um pinheiro, cada punhado de areia da costa, a sombra na mata densa, cada clareira e inseto a zumbir são sagrados na memória de meu povo. A seiva que atravessa as árvores carrega consigo o passado do homem vermelho. O homem branco esquece sua terra de origem quando vai passear entre as estrelas. Nós nunca nos esquecemos desta terra, pois ela é a nossa mãe. Somos parte da terra e ela faz parte de nós. As flores perfumadas são nossas irmãs; o cervo, o cavalo, a grande águia, são nossos irmãos. Os picos rochosos, os regatos nos prados, o calor do corpo do potro, e o homem – todos pertencem à mesma família. Quando o Grande Chefe em Washington manda dizer que quer comprar nossa terra, pede muito de nós. Ele diz que nos dará um lugar onde possamos viver felizes.

Ele será nosso pai e nós, seus filhos.
Vamos considerar sua oferta de comprar
a nossa terra, mas isso não será fácil.
Esta terra é sagrada para nós.
Essa água que flui nos riachos e rios não é
apenas água, é o sangue de nossos antepassados.
Se vendermos a terra a vocês, devem se lembrar
de que ela é sagrada, e devem ensinar as
suas crianças que ela é sagrada e que cada
reflexo nas águas límpidas dos lagos diz das
memórias da vida do meu povo.
O murmúrio das águas é a fala de meus ancestrais.
Os rios são nossos irmãos, saciam nossa sede.
Os rios levam nossas canoas e alimentam
nossas crianças.
Se vendermos nossa terra a vocês, deverão lembrar
e ensinar a seus filhos que os rios são nossos irmãos.
Vocês devem, portanto, dedicar aos rios a bondade
que dedicariam a qualquer irmão.
O homem branco não compreende nossos costumes.
Uma porção da terra para ele tem o mesmo
significado que qualquer outra, pois é como um
forasteiro que retira da terra aquilo de que necessita.
A terra não é sua irmã, mas sua inimiga, e quando
ele a domina, prossegue seu caminho. Abandona os
túmulos de seus antepassados e não se importa.
Retira da terra aquilo que seria de seus filhos e
não se importa. A sepultura de seu pai e o que

é de direito de seus filhos são esquecidos.
Trata sua mãe, a terra, e seu irmão, o céu,
como algo que pode ser comprado, saqueado,
vendido como ovelha ou adornos coloridos.
Sua ambição devorará a terra,
deixando somente um deserto. [...]

TENDA DO SUOR

Também conhecida como Sauna Sagrada, o propósito desta cerimônia é a purificação do corpo, da mente e do espírito. É o local onde também oferecemos a água de nosso corpo para a Mãe Terra. No Riachinho, reduto espiritual do xamã brasileiro e amigo José Duarte, no interior da Bahia, tive a oportunidade de participar de algumas saunas com o casal de xamãs Matt Aquila, um escandinavo, e Donna Talking Leaves, descendente da tribo Cherokee.

Tradicionalmente a sauna é confeccionada com ramos de arbustos e tem formato circular semelhante a uma nave espacial. Galhos de salgueiro são utilizados para formar a armação da tenda, e o número de ramos varia de acordo com a intenção. O salgueiro é preferido por ser a árvore do amor, porém a tenda pode ser feita com bambus. A entrada da tenda fica voltada para o leste, de frente para o altar montado com pedras e flores, e é por onde entram os espíritos. A porta de entrada é baixa para que os participantes entrem de joelhos,

FIGURA 8. Estrutura de uma Tenda do Suor nos Países Baixos. (Fotografia: ZenZimage. Alamy Stock Photo)

como um gesto de humildade. A tenda é construída diretamente sobre a terra, tendo no centro um buraco. Ela também pode ser coberta por lona ou pele de animal.

É feita uma fogueira ritual, na qual as pedras são aquecidas diretamente no fogo. Os participantes se reúnem ao redor da fogueira enquanto são realizadas as evocações e os preparativos pelos comandantes da cerimônia. Em fila as pessoas vão entrando na tenda, onde já foi colocada uma pedra para preaquecimento. É importante lembrar que as pedras guardam os registros da Terra. Antes de entrar na tenda, cada pessoa passa pelo xamã que faz evocações com uma pena de águia, preparando o participante para entrar. Entrando ajoelhado e no sentido horário, o participante evoca o mantra indígena "*Mitakuye oyasin*", que significa "Por todas as nossas relações", e ocupa um lugar.

Quando todos estão dentro da tenda, o guardião do fogo, a pedido do xamã, vai trazendo as pedras quentes conforme a intenção da sauna. Colocadas as pedras no centro da tenda, a porta é hermeticamente fechada pelo guardião do fogo, e o xamã começa as evocações jogando água nas pedras e queimando ervas, como sálvia e *sweet grass*. São evocados os poderes das quatro direções, dos animais guardiões e dos seres elementais. O vapor começa a subir tomando conta da tenda, elevando a temperatura de forma intensa. Nesse momento, as pessoas começam a suar, purificando o corpo, e entram em estado alterado de consciência, recebendo visões esclarecedoras.

Ao terminar a sessão, o xamã pede ao guardião do fogo para abrir a porta da tenda, as pessoas saem ajoelhadas e em fila no sentido horário e se deitam na terra de barriga para baixo. Nesse momento da cerimônia, é possível perceber que a terra tem vida, sentimos seu movimento e as batidas de seu coração. É como se você se recolhesse ao colo de sua mãe. Em seguida, geralmente, os participantes entram no rio para se banhar, refrescando o corpo e a mente. Algumas cerimônias começam ou terminam com o ritual do Cachimbo Sagrado.

CERIMÔNIA PARA A MÃE TERRA

Recebi essa cerimônia de forma a agregar a prática xamanista a outras práticas. No xamanismo não fazemos prevenção contra egrégora, que é a força espiritual resultante da soma das energias físicas, mentais e emocionais de duas ou mais pessoas que se reúnem para obter esse efeito.

Estabeleça o local apropriado para a cerimônia, que deve ser realizada no campo ou em uma casa com quintal, onde se possa cavar um buraco com cerca de 40 centímetros de profundidade e a largura mínima de um balde comum. O buraco deve ser escavado no centro do círculo formado pelos participantes. Ao redor da cavidade, disponha as seguintes oferendas:

- Um copo com leite
- Pequenas pedras ou cristais (cascalhos)
- Um pratinho com ervas medicinais (pode ser alecrim, alfazema, manjericão etc.)
- Um copo com água
- Um chumaço de algodão (ou penas)
- Quatro pitadas de tabaco
- Um pratinho com cereais (pode ser milho, aveia etc.)
- Duas colheres de sopa de mel
- Um pratinho com sementes (pode ser girassol)
- Um pratinho com pétalas de flores
- Um frasquinho com perfume (5,10 mililitros)

- Um copo com vinho
- Um saco com farinha de milho
- Uma muda de planta (pode ser qualquer uma)

Limpe bem o local da cerimônia. Os participantes poderão levar frutas para trocar entre si no final, quando é feita uma pequena confraternização. Se o lugar permitir, proponha que cada participante plante uma muda. As frutas e as mudas poderão ser colocadas no lado de dentro do círculo, geralmente arranjadas em cima de folhas de bananeira ou telhas. Em seguida, é feita uma pequena fogueira ao lado. Um guardião do fogo se apresentará ou será nomeado, sendo a única pessoa responsável por cuidar da fogueira. (Ver mais detalhes na Cerimônia do fogo, na página 180.) Faça o rito de limpeza, defumando o ambiente e cada participante antes de iniciar o ritual.

Orientações para quem estiver dirigindo a cerimônia:

- Usando suas próprias palavras diga para o grupo a intenção da cerimônia, que deve ser bem compreendida por todos. Fale sobre a importância de preservar a natureza, de cuidar da saúde do planeta e que devemos ter respeito e o amor pela Criação. (Caso queira, você pode ler para os participantes o discurso do Chefe Seattle, na página 143).
- Peça autorização ao Criador e ao Universo para iniciar. Evoque os poderes dos elementais e das

forças da natureza. Peça proteção a seu anjo da guarda e a seu animal guardião.
- Peça aos participantes para se sentarem em círculo.

Iniciando a cerimônia

Fala do condutor: Respirem profundamente. Inspirem energia e expirem estresse. Respirem profundamente, ficando em silêncio total inclusive no pensamento.

PASSO 1: LEITURA DA BÍBLIA

Fala do condutor: "No princípio, Deus criou o céu e a terra". (Gênesis 1: 1)

"Tendo Deus terminado no sétimo dia a obra que tinha feito, descansou do seu trabalho. Ele abençoou o sétimo dia e o consagrou, porque nesse dia descansou de toda a obra da Criação." (Gn 2: 2-3)

PASSO 2: EVOCAÇÃO DO ANJO DA TERRA

Esta evocação foi adaptada do livro *Pergunte ao seu anjo*, de Alma Daniel, Timothy Wyllie e Andrew Ramer.

Fala do condutor: Fechem os olhos. Sintam que de seus pés saem raízes ligando-os à Terra como se fossem uma árvore. Da base do cóccix sai outra raiz ligando seus chacras à Terra. A cada inspiração visualizem o corpo sendo preenchido pela energia da Terra, e a cada expiração o alívio das tensões. Sintam a energia subir da base da coluna até o topo da cabeça. Guardem essa energia dentro do coração. Visualizem filamentos de energia saindo do topo da cabeça e ligando vocês ao céu. Esses filamentos conduzem a energia celeste até o topo da cabeça e descem pela coluna, energizando os demais chacras. Tragam a energia celeste ao coração para se juntar à energia da Terra. Evoquem seu anjo da guarda e sintam a presença dele, assim como a presença do anjo da guarda de cada participante. Sem abrir os olhos, evoquem:

De frente para o leste do círculo: "Luz e fogo de Deus com a força do Arcanjo Uriel".
De frente para o sul do círculo: "A presença do amor com o Arcanjo Gabriel".
De frente para o oeste do círculo: "Saúde e cura na presença do Arcanjo Rafael".
De frente para o norte do círculo: "Sabedoria e proteção do Arcanjo Miguel".

De mãos dadas vamos invocar a presença do Principado Eulária, guardião da Nova Ordem Mundial. Sintam-se todos envolvidos em seu abraço. Neste momento, pensem nos aflitos. Visualizem anjos sob a responsabilidade de Eulária dando-lhes conforto, cura e proteção. Chamem vigorosamente pelo Anjo da Terra. Todos juntos harmonizando a respiração e sentindo a presença do Anjo da Terra. Agora, podem abrir os olhos.

Fala do condutor: Anjos da Terra, peço que a atmosfera da Terra seja purificada. Que nosso planeta seja protegido e que todas as belezas criadas por Deus se mantenham intactas para que as próximas gerações possam também contemplar a beleza deste planeta e dar graças ao Criador.

PASSO 3: INÍCIO DAS OFERENDAS

Fala do condutor: Ó Criador! Ó Universo! Ó Mãe Terra, grande mistério por trás de tudo o que tem vida. Em nome do equilíbrio, da harmonia, do amor, da fé, da paz, da justiça, da prosperidade, do bem e da verdade, agradecemos através dos símbolos destas oferendas [apontar para elas] o privilégio de participar da Criação Divina, e expressamos o nosso amor à Mãe Terra e a todas as suas crianças.

O condutor deve pedir ao grupo que faça suas oferendas. Cada participante se levantará, dirigindo-se no sentido horário até a oferenda, em seguida, irá reverenciar o ato e, após a fala do condutor, colocar a oferenda no buraco. Caso o número de participantes seja maior que o número de oferendas, os demais podem oferecer farinha de milho até que todos tenham participado do ato.

O primeiro participante deve se levantar e derramar o leite na cavidade, e assim por diante. É desejável que o condutor tenha na mão um sino ou outro tipo de instrumento de percussão para marcar a passagem de uma oferenda para a outra.

Fala do condutor:
Ó Mãe Terra!
Ofertamos LEITE, simbolizando o mundo animal, a maternidade, o afeto e a nutrição.

Ó Mãe Terra!
Ofertamos PEDRAS (ou CRISTAIS), simbolizando os seus registros, o magnetismo e o mundo mineral. As montanhas e os vales. A prosperidade e a riqueza.

Ó Mãe Terra!
Ofertamos ERVAS, simbolizando o mundo vegetal, a cura, os seres plantas, seus primeiros filhos. As árvores, as florestas, os bosques e os campos.

Ó Mãe Terra!
Ofertamos ÁGUA, simbolizando a nutrição de tudo o que nasce sob a terra. A fertilidade, a limpeza e a purificação. Os seres das águas. Os rios, lagos, cachoeiras, mares e oceanos. As emoções e a sensibilidade.

Ó Mãe Terra!
Ofertamos ALGODÃO (penas), simbolizando os seres alados, o ar que respiramos, a brisa que nos refresca, e os ventos que fertilizam a terra. As nuvens, o céu e a mente.

Ó Mãe Terra!
Ofertamos TABACO, simbolizando o homem que honra sua mãe, seus espíritos, todas as suas relações e o fogo.

Ó Mãe Terra!
Ofertamos CEREAIS, simbolizando a abundância e o sustento.

Ó Mãe Terra!
Ofertamos MEL, simbolizando o néctar da terra. Adoçante primordial da vida e fonte de energia.

Ó Mãe Terra!
Ofertamos SEMENTES, simbolizando a esperança e o futuro.

Ó Mãe Terra!
Ofertamos FLORES, simbolizando o amor, a beleza e a paz.

Ó Mãe Terra!
Ofertamos PERFUME, simbolizando o aroma e a essência.

Ó Mãe Terra!
Ofertamos VINHO, simbolizando a alegria, a comunhão e a união.

A partir deste momento, as pessoas que não ofertaram nada e o condutor oferecem farinha de milho à Mãe Terra.

PASSO 4: SAUDAÇÃO
Fala do condutor:
Às quatro direções e aos quatro elementos.
Às forças da natureza (relâmpago, trovão, chuva, vento, arco-íris).
A todas as formas de vida que voam, rastejam, nadam, andam, correm, pulam ou crescem imóveis, às visíveis e invisíveis aos nossos olhos.
A todos os seres que já passaram sobre a Terra.
Ao Sol, fonte de vida e energia, a vontade. O princípio masculino, o ouro. A luz do dia, que nos permite ver as belezas da Criação Divina.
À Lua, ressurreição e regeneração. Morte e renascimento. O psiquismo, o princípio feminino, a prata. A escuridão que nos permite ver as estrelas.
Ao equilíbrio sagrado *yin-yang*, masculino e feminino.

PASSO 5: LOUVAÇÃO
A louvação deve ser feita de acordo com o sistema de crença de cada pessoa. Cada condutor louvará (Cristo, Buda, David, Maomé, Krishna ou Shiva etc.) conforme a sua filosofia. Veja a seguir um exemplo de como fazer a louvação.

Louvamos o nosso Pai Criador.
Louvamos Jesus Cristo, o Salvador do mundo.
Louvamos a Virgem Maria Santíssima.
Louvamos o patriarca São José.
Louvamos todos os Seres Divinos.
Louvamos o amor, a paz e a luz sobre a Terra e a toda a humanidade.
Louvamos a nossa Mãe Terra.

Depois da louvação, ainda podem ser entoadas canções de poder, decretos, mantras e orações.

PASSO 6: ENCERRAMENTO
Ao encerrar a cerimônia o condutor fecha o buraco com a própria terra que foi escavada e planta uma muda no centro. Feito isso, a confraternização pode ser iniciada. Lembre-se de deixar à vontade quem quiser fazer sua própria cerimônia de plantio da muda.

SOL

Estrela central do sistema solar, o Sol traz crescimento e claridade para a Mãe Terra, sendo a fonte de vida do planeta. Muitos rituais e cerimônias estão relacionados com a trajetória do Sol. Solstícios e equinócios sempre foram eventos celebrados entre os xamãs. A águia representa a guardiã do Portal Dourado, da direção leste, onde o Sol nasce. Os nativos norte-americanos dançam em torno de uma árvore, símbolo associado ao Sol. Eles executam o *sundance*, a dança do sol, girando em torno da árvore. Existe outro tipo de dança do sol que é realizada anualmente pelos guerreiros, trata-se de um ritual de sacrifício, em que o dançarino tem seu músculo peitoral perfurado e, em seguida, é atado com tiras de couro em uma árvore.

No Peru é realizada anualmente a Festa do Sol, o Deus Sol, ou Inti, é visto pelos incas como o doador da vida. Eles se consideravam os filhos do Sol. Em todas as cidades incas existia uma pedra ritual chamada *Intihuatana*, que assinalava a hora em que o Sol chegava ao ápice, ou seja, exatamente ao meio-dia. Para os povos aborígines o Sol é o fogo do corpo e da natureza. Nas antigas civilizações, altares e monumentos foram dedicados ao sol na forma de um disco solar, representando a autoridade suprema do Criador. Para os egípcios, o Sol é o símbolo da imortalidade, pois morre a cada noite e renasce a cada dia. Ele era personificado como o Deus Rá.

Alguns místicos afirmam que em cada sistema solar existem três sois: espírito, alma e corpo. O médico e alquimista renascentista Paracelso falava sobre a existência de um sol terreno que provoca o calor e, portanto, pode ser sentido por quem é cego e visto por quem enxerga. Paracelso também afirmava haver um sol interno que é fonte de toda a sabedoria, porque desperta os corpos espirituais e traz consciência. Segundo ele, mesmo aqueles que ainda não tiveram a consciência despertada são capazes de sentir seu poder através da intuição.

Nas festas de Natal, é comum observar a união do culto do Sol e das árvores, que são representados por meio de símbolos como a lareira, as velas e as árvores de Natal. A celebração do nascimento de Cristo coincide com o solstício de inverno no hemisfério norte, marcando a época em que os dias começam a ficar mais longos novamente. Já no solstício de verão, comemora-se São João, onde a fogueira é acesa como símbolo da energia do Sol e da renovação da vida. Em suma, essas celebrações possuem raízes pagãs que foram incorporadas à tradição cristã.

Nas sociedades matriarcais, onde o papel de liderança e poder é exercido pela mulher, o Sol é visto como feminino. Já nas patriarcais, o Sol tem atributos masculinos. Em todas elas, porém, ele é o ser supremo. O Sol é a representação da força consciente para dissipar a escuridão. Na mitologia grega, era representado pelo carro de Apolo, que simboliza o espírito indomável lutando contra a superstição e a ignorância.

Ritual da canção do Sol
Pela manhã, posicione-se na direção do sol. Pegue um tambor ou um maracá. Fique de frente para o sol e sinta o calor em seu rosto. Não olhe diretamente para ele, mantenha os olhos entreabertos bem abaixo dele, permitindo que o Pai Sol revitalize seu corpo. Bata o tambor

sentindo-se conectado ao sol. Perceba como ele lhe dá vida. Através de suas mãos sinta os raios solares percorrendo o corpo todo. Respire profundamente enquanto toca, e comece a cantar qualquer música que lhe vier à mente. Não julgue o som, as palavras ou a concordância, apenas deixe fluir. Neste momento você está dando graças ao Sol, e ele lhe dará uma canção. Repita essa canção muitas vezes. As canções dos nativos são simples e repetitivas. Deixando fluir, você terá uma poderosa oração.

A LUA

Desde a Antiguidade, a Lua tem fascinado o homem e se tornou uma importante referência na astrologia, na mitologia, na arte e na elaboração de calendários. A força gravitacional da Lua influencia as marés oceânicas, movimentando toneladas e toneladas de água. Imagine então como ela pode atuar nas águas do nosso corpo. Em virtude de sua profunda ligação com o elemento água, a Lua também exerce influência sobre a pesca e as colheitas. A luz da lua interfere no comportamento de cães, lobos, raposas, chacais e coiotes, que na lua cheia lhe fazem reverência.

A Lua representa o princípio da reflexão, pois ela reflete a luz solar. A Lua passa por três fases principais durante um ciclo lunar completo: a lua nova, a lua cheia e a lua minguante. Cada uma dessas fases reflete o poder da Lua sobre o céu, a Terra e as trevas, e sua forma no céu muda constantemente ao longo do ciclo lunar. A lua nova representa um novo começo e um tempo de reflexão e planejamento, a lua cheia representa a plenitude e o poder máximo, enquanto a lua minguante representa o momento de diminuir e soltar o que não é mais necessário. Sua forma no céu muda a cada ciclo, fenômeno que caracteriza as suas fases, conhecidas por lua nova, quarto crescente, lua cheia e quarto minguante. A lua nova é associada a ideais, realizações, autonomia, vaidade e sonhos. O quarto crescente representa a vida nova, o começo, a criação e a inocência. A lua cheia está ligada a fertilidade, sexo, sensualidade e poder, durante ela ocorrem os eclipses lunares. O quarto minguante significa encerramento, transformação, evolução, destruição e sabedoria. No ritual de magia das velas, o quarto crescente atrai condições favoráveis e o minguante afasta as más influências.

Na astrologia, o signo lunar é um dos aspectos mais importantes de nossa personalidade, indica como expressamos os sentimentos e lidamos com as emoções. Do mesmo modo que a Lua, nós também possuímos uma face sombria, e quando ela penetra nas profundezas do nosso inconsciente, nós conseguimos perceber a sombra de nosso próprio ser.

A Lua está associada à intuição, ao feminino, porém, diferentemente dos aspectos femininos da Mãe Terra, os da lua são selvagens e sedutores. Ela representa as profundezas do inconsciente. A Lua estimula a intuição e as habilidades psíquicas, por isso é uma das energias preferidas nos cultos mágicos. É a energia que nos proporciona sonhos e nos dá pistas sobre vidas passadas. Em muitas culturas ao redor do mundo, a Lua simboliza a energia feminina. Para os ameríndios é o feminino do Grande Espírito. Os nativos norte-americanos possuem a Tenda da Lua, para o recolhimento das mulheres no ciclo menstrual, local em que oferecem o sangue do corpo à Mãe Terra. Na visão do xamanismo é a Lua quem domina a Terra, por essa razão a estudamos e a reverenciamos. Existem diversos cerimoniais xamânicos dedicados à ela.

Influência da Lua nas plantações

LUA NOVA
Indicada para adubar e fazer podas, e para plantio e colheita de ervas medicinais.

QUARTO CRESCENTE
Indicado para o preparo do solo, o arado e a colheita de folhas, assim como para a poda de árvores e o plantio de cereais.

LUA CHEIA
Não é indicada para nenhuma atividade agrícola.

QUARTO MINGUANTE
Indicado para semear frutos e para a colheita de raízes e cereais.

Comunicação com a lua cheia

Este exercício e o próximo foram adaptados do Cerimonial da lua cheia que está no livro *Spirit Healing*, de Mary Dean Atwood. Você pode realizar a prática sozinho ou acompanhado de um amigo.

Sente-se ao lado de uma árvore de modo que você possa contemplar a lua cheia. Olhe para a Lua fixamente e em silêncio. Sinta a força do luar. Reflita sobre o poder da Lua e sobre a influência que ela exerce na Terra. Por cerca de dez minutos sinta a força da Lua chegando pelo topo de sua cabeça. Perceba a energia lunar como uma entidade feminina muito poderosa. Concentre-se na face dela. Imagine o contorno de um rosto e uma boca que parece estar aberta para responder a suas perguntas e lhe dar conselhos. Peça por respostas. Escute-as chegando no seu íntimo.

Cerimonial da lua cheia

Homens e mulheres podem participar desta cerimônia, porém ela deve ser conduzida por uma mulher. Forme um círculo com os participantes do ritual. Relaxe fazendo respirações profundas. Feche os olhos. Aquiete a mente. Imagine a Lua sobre a sua cabeça. Visualize gotas de um elixir prateado saindo da Lua e caindo na coroa de sua cabeça.

1. **PAUSA BREVE (TRÊS MINUTOS)**
   Entrando pela coroa da cabeça o elixir vai descendo vagarosamente pela garganta, passando pelo peito até chegar no estômago. Respire o elixir e sinta-o na região pélvica. Visualize-o descendo pelas coxas, joelhos, até chegar nos pés. O elixir transborda em seu corpo e toma conta do círculo, ligando todos os participantes.

2. **EM SILÊNCIO (TRÊS MINUTOS)**
   Visualize o elixir crescendo acima do círculo e todos os participantes sentados sobre ele. Todos os corpos estão brilhando nessa bela luz prateada.

3. **PAUSA BREVE: EVOCAÇÃO**
   "Querido Pai, querida Mãe, querido Deus, tragam a luz para todas as pessoas deste círculo."

   Respire devagar e profundamente. Faça várias respirações. Levante os braços em direção à Lua, com as palmas voltadas para fora. Alcance-a com as mãos. Chame a energia da lua cheia para dentro do corpo. Agradeça cada raio prateado que ela lhe dá. Agora abaixe os braços, pousando as mãos sobre os joelhos com as palmas voltadas para cima. Visualize a Lua emitindo o elixir de cima para baixo energizando o centro da palma das mãos. Ao inspirar, aspire a energia da lua. Ao expirar, sinta essa energia indo até a palma das mãos.

4. **PAUSA LONGA (SETE MINUTOS)**
Leve a mão esquerda até o topo da cabeça com a palma voltada para baixo. Leve a mão direita com a palma voltada para o terceiro olho, no centro da testa. Inspire, permitindo que a energia vinda das mãos seja liberada na cabeça. A partir de agora você irá purificar seus chacras com a energia branca da lua. Inspire e expire, limpando e clareando agonias, aflições, dúvidas e medos. Ao mesmo tempo, visualize sua cabeça envolta numa luz radiante. Tire a mão esquerda do topo da cabeça e a posicione na garganta. Mantenha a mão direita na testa. Limpe a garganta com essa energia. Inspire e expire. Solte o ar pela boca devagar.

5. **PAUSA BREVE**
Agora leve a mão direita suavemente ao centro do coração. Mantenha a mão esquerda na garganta. Sopre toda a negatividade para fora do corpo. Inspire luz. Expire com força pela boca, emitindo um som. Vamos... vamos... vamos! Respire normalmente. Agora mova a mão esquerda da garganta para o estômago, deixando a mão direita no coração. Inspire o elixir. Expire o estresse.

6. **PAUSA BREVE**
Relaxe os ombros. Com a ajuda das mãos, relaxe alguns músculos do corpo com massagens suaves.

Conduza agora a mão direita para a região pélvica (as mulheres devem posicionar a mão no útero).

7. **LEVANTANDO-SE (MANTER OS OLHOS FECHADOS)**
Balance o corpo por alguns instantes suavemente para frente e para trás. Balance inspirando energia, aliviando através do movimento e da expiração o estresse do corpo. Permita-se relaxar, principalmente a região do pescoço, dos ombros e das costas. Você agora sentirá um pequeno calor vindo de suas mãos para o plexo solar, abaixo do diafragma. Leve a mão direita para a base da coluna (cóccix) ao mesmo tempo em que vai se sentando. Respire e sente-se. Permaneça sentado com a mão na base da coluna. Sinta as pulsações na mão esquerda. Perceba como a energia flui de seu corpo.

8. **PAUSA BREVE**
Permaneça sentado e agora descanse as mãos ao lado do corpo com a palma voltada para cima. Respire. Solte o ar pelo nariz. Mantenha as mãos para cima, para que a energia flua em direção ao céu. Suas mãos sentirão fluir toda a energia. Elas estarão pulsando. A energia que está saindo do corpo não é necessária. Visualize-a deixando seu corpo e desaparecendo no espaço. Todas as vibrações indesejáveis estão deixando o seu corpo. Permaneça passando a energia negativa para cima. Pronto. A poderosa luz da lua restaurou a sua vitalidade natural.

9. PAUSA BREVE

Ainda sentado, coloque as mãos no chão com a palma para baixo, ao lado do corpo. Sintonize-se com as vibrações da Terra. Visualize um bastão dourado descendo através de sua coluna até o centro da Terra. Fique em silêncio e você sentirá a Terra se movendo. Coloque a palma das mãos no chão. Sinta nas mãos a energia da Terra. Seus chacras serão alinhados pela energia que sobe da Terra através de suas mãos. Respire suavemente. Permaneça em silêncio agora, enquanto absorve a energia da Terra.

10. PAUSA LONGA (SETE MINUTOS)

Agora coloque as duas mãos no tórax, com as palmas voltadas para o corpo. Leve a energia das mãos e deixe que ela penetre em seu tórax. Inspirando, coloque emoção no seu peito. Respire lenta e profundamente. Todos que formam o círculo devem se dar as mãos, com a palma da mão esquerda voltada para cima e a palma da mão direita voltada para baixo. Convide espíritos de mulheres nativas para se unirem ao círculo. Convide um espírito nativo para promover ajuda em sua vida, para guiar e dirigir as áreas que necessitam de cura e purificação em sua família. Visualize uma luz branca saindo do centro de sua testa em direção ao centro do círculo. Visualize a Mãe Terra no centro do círculo e a lua cheia no alto, dando energia à Terra. Convide mentalmente todas as pessoas — homens, mulheres e crianças — para serem tocados e limpos espiritualmente. Emane mentalmente a energia para nossos líderes, chefes, governantes, desejando que possam aprender amor e respeito. Visualize a energia irradiando dos corpos de todas as mulheres da Terra, sendo passada para todos os homens do planeta.

11. PAUSA BREVE

Agradeça a quem você gostaria de agradecer: "Agradeço a vós, amado Pai, amada Mãe, amado Deus".

AS ESTRELAS

As estrelas são corpos celestes que produzem e emitem energia a partir de sua própria luz, e cujo brilho no céu fascina o observador há incontáveis eras. Em seu *Glossário Teosófico,* H. P. Blavatsky menciona que no *Dicionário de Antiguidades Cristãs,* do Abade Martigny, há referência a monumentos cristãos em que Cristo é representado coroado por estrelas. Foi a Estrela de Belém que conduziu os três reis magos à manjedoura onde estava Jesus. Guias da esperança e da fé, as estrelas simbolizam as forças condutoras. Elas ajudam os marinheiros a encontrarem o rumo. Segundo os astrólogos, as estrelas estão intimamente ligadas ao destino da humanidade. Elas ligam cada fragmento de tempo ao tempo transcendental. Estão relacionadas com a imortalidade. São os olhos do céu. Algumas tribos acreditam que as estrelas são habitadas por entidades que têm ligação especial com a alma humana.

As estrelas também fazem parte do simbolismo de diversos rituais mágico-religiosos sob a forma de pontos riscados, talismãs, altares etc. A estrela de cinco pontas (pentagrama) é uma figura simbólica adotada na magia cerimonial por diversas doutrinas esotéricas. O pentagrama invertido, com apenas um dos cinco vértices voltado para baixo, aparece nos antigos templos egípcios e também está associado ao satanismo. A estrela de seis pontas (hexagrama) é conhecida como Estrela de Davi, ou "escudo de Davi", sendo um símbolo tradicional da cultura judaica.

O brilho do Sol
(Hino da doutrina do Santo Daime canalizado pelo Padrinho Sebastião)

> *Eu sou o brilho do Sol.*
> *Eu sou o brilho da Lua.*
> *Dou brilho às estrelas,*
> *porque todas me acompanham.*
> *Eu sou o brilho do mar.*
> *Eu vivo no vento.*
> *Eu brilho na floresta,*
> *porque ela me pertence.*

- 8 -

OS ELEMENTOS - ELEMENTAIS E AS QUATRO DIREÇÕES

Os rituais xamânicos possibilitam o contato com uma camada vibratória que, ao ser acessada, permite a entrada num campo no qual o xamã pode se comunicar com todo tipo de criatura, seja ela um elemental, uma pedra, uma planta, um animal, entre outros. Essa comunicação não é verbal, ela é simbólica, telepática. Por meio da magia natural é possível acessar esse campo, e a condição para isso é estar em harmonia com as manifestações da natureza, honrar cada ser, cada entidade, cada espírito elemental e, principalmente, ter clareza de intenção. Algumas pessoas relataram ter tido contato com gnomos, fada e silfos, outras disseram ter sujeitado o corpo ao contato direto com o fogo sem sofrer queimaduras, enfim o tema não é novidade para os buscadores de hoje.

Há nativos norte-americanos que se conectam com os quatro elementos da natureza através dos membros ancestrais de certos clãs, como o clã da tartaruga, que representa o elemento terra; o clã do sapo, que representa o elemento água; o clã do pássaro-trovão, ou falcão, representante do fogo; e o clã da borboleta representando o elemento ar. Cada elemento possui seus próprios talentos e são colocados a serviço da Mãe Terra e do Universo. Os quatro elementos da natureza também são encontrados nos rituais da umbanda e do candomblé, e manifestados através dos poderosos espíritos da natureza, os orixás. Na mitologia grega cada divindade é responsável por uma manifestação da natureza.

O alquimista inglês Francis Barrett afirma em sua obra *Magus* que os quatro elementos da natureza formam a base original de todas as coisas, compondo o corpo não por aglutinação, mas por transformação e união. Cada um dos quatro elementos pode ser transformado um no outro. Se a terra é por demais irrigada, dissolve-se transformando-se em líquido (água). A água endurecida e condensada transforma-se em terra. Quando a água é evaporada por aquecimento, transforma-se em ar. Se a água é queimada, transforma-se em fogo. O fogo quando se apaga vira terra, e assim sucessivamente. Todos esses processos são resumidos na lei de Lavoisier: "Na natureza nada se cria, nada se perde, tudo se transforma". Platão atribuiu três qualidades a cada um dos quatro elementos: ao fogo conferiu a fluidez, a claridade e a mobilidade; à terra, a escuridão, a densidade e a imobilidade; ao ar, a fluidez, a mobilidade e a escuridão; e à água, a escuridão, a densidade e a mobilidade. Barrett ainda afirma que:

Duas coisas são suficientes, segundo Hermes, ou seja, o fogo e a terra, para realizarmos coisas prodigiosas. A primeira é ativa e a segunda, passiva. O *fogo* é brilhante no início e no fim, quando se manifesta em todas as coisas e através de todas as coisas: é brilhante e ao mesmo tempo oculto e desconhecido. No seu estado puro (quando desvinculado da matéria, sem uma base para manifestar sua ação específica), o fogo é ilimitado e invisível, é autossuficiente em todas as ações próprias de sua natureza, é uno, interpenetra todas as coisas, espalha-se pelo céu e é reluzente, no lugar dos infernos, no entanto, o fogo é limitado, escuro e aterrador, ele partilha dos dois. Encontra-se nas pedras de onde pode ser extraído por um golpe de metal, na terra que ao ser cavada, solta fumaça; na água, aquecendo fontes e poços; nas profundezas do mar que esquenta ao ser agitado pelos ventos; no ar que vemos queimar, como acontece frequentemente. E todos os animais e todas as coisas vivas, como também os vegetais, são preservados pelo calor; e tudo o que vive, vive por causa do calor interno. [...]

Ora, a base e fundamento de todos os elementos é a *terra*; pois esse é o objeto, sujeito e receptáculo de todos os raios e influências celestiais: nela estão contidas as sementes e as virtudes seminais de todas as coisas; e, portanto, é dito ser animal, vegetal e mineral. Tornando-se frutífera pelos outros elementos e pelos céus, produz todas as coisas de si mesma. Ela recebe a abundância de todas as coisas, e é, por assim dizer, a primeira fonte de onde tudo brota; – é o centro, o fundamento e a mãe de todas as coisas. [...]

Os outros dois elementos, a saber, a água e o ar não são menos eficazes que os primeiros; nem a Natureza está querendo operar coisas maravilhosas neles. A necessidade de água é tamanha que sem ela nada pode viver — nenhuma erva ou planta pode brotar sem ser regada. A água é a virtude germinal de todas as coisas, especialmente dos animais, cujo sêmen é de natureza aquosa. [...]

Resta falar do *ar*. É um espírito vital que permeia todos os seres, dando vida e subsistência a todas as coisas, energizando e preenchendo tudo. Recebe imediatamente dentro de si a influência de todos os corpos celestes, e a transmite a outros elementos e aos corpos compostos. Recebe também como se fosse um espelho a essência de todas as coisas naturais e artificiais; assim como todo tipo de expressão, e os retém; levando-os consigo, e entrando nos corpos dos seres humanos e dos animais através de seus poros, causa uma impressão sobre eles quando estão dormindo ou acordados, fornecendo a matéria para diferentes sonhos e adivinhações.

Na astrologia, os quatro elementos da natureza simbolizam a função psíquica: o fogo está ligado à percepção, como captamos o que ocorre no nosso entorno sem a necessidade de raciocínio; a terra está ligada à sensação, como sentimos os acontecimentos e os suportamos; o ar está ligado ao pensamento, como comunicamos e analisamos nossas reflexões; e a água está associada ao emocional, como lidamos com sentimentos e emoções. Os doze signos do zodíaco são agrupados segundo os quatro elementos da natureza com base em seu temperamento:

- Signos de fogo: áries, leão e sagitário. São ardentes, românticos, espontâneos e autossuficientes.
- Signos de terra: touro, virgem e capricórnio. São práticos, conservadores, sensuais, prudentes e realistas.
- Signos de ar: gêmeos, libra e aquário. São comunicadores, idealistas e progressistas.
- Signos de água: câncer, escorpião e peixes. São emocionais, intuitivos, sensíveis e profundos.

Para a astrologia e a medicina chinesas existem cinco elementos básicos na natureza: a madeira, o fogo, a terra, o metal e a água. A teoria dos cinco elementos considera que o Universo é formado pelo movimento e pela transformação desses cinco elementos, ou princípios. Entre eles há uma relação de geração e de dominação, na qual se encaixam todas as manifestações da natureza. Segundo a lei da geração:

- A *madeira* por sua combustão gera o fogo, portanto a madeira é a mãe do fogo.
- Quando o *fogo* cessa, as cinzas são incorporadas à terra, portanto o fogo é mãe da terra.
- Dentro da *terra* são encontrados os metais, portanto a terra é mãe do metal.
- Do *metal* e das rochas brotam as fontes de água, portanto o metal é a mãe da água.
- A *água* dá vida aos vegetais gerando a madeira, portanto a água é mãe da madeira.

Os cinco elementos são regidos por inibição, restrição e controle. Segundo a lei da dominação:

- A *madeira*, através das raízes dos vegetais, inibe a terra.
- A *terra* represa e absorve a água.
- A *água* apaga o fogo.
- O *fogo* derrete o metal.
- O *metal* corta a madeira.

A sabedoria chinesa relaciona os cinco elementos com cada uma das manifestações do Universo, entre elas: estação, direção, clima, ação, humor e sabor. Veja no quadro a seguir alguns exemplos das características atribuídas a cada um dos cinco elementos chineses.

	MADEIRA	FOGO	TERRA	METAL	ÁGUA
ESTAÇÃO	primavera	verão	veranico	outono	inverno
DIREÇÃO	leste	sul	centro	oeste	norte
CLIMA	vento	calor	umidade	secura	frio
AÇÃO	movimento	expansão	distribuição	interiorização	concentração
HUMOR	raiva	alegria	reflexão	tristeza	medo
SABOR	ácido	amargo	doce	picante	salgado

Segundo o ocultista e mago francês Éliphas Lévi, os espíritos podem ser classificados e especificados de acordo com os quatro elementos da natureza. Os espíritos elementais são como crianças, diz Lévi, a menos que sejam dominados por uma elevada razão, tendem a atormentar sobretudo os que se ocupam deles. Lévi afirmava que, muitas vezes, os elementais são responsáveis por sonhos inquietantes e pelos barulhos que escutamos nas paredes e nos móveis. Os quatro elementos da natureza estão associados a diversos seres elementais, por exemplo, os gnomos são espíritos da terra; as ondinas são espíritos da água; as salamandras são espíritos do fogo; e os silfos, espíritos do ar. De acordo com Lévi, na antiga iniciação os magos precisavam passar por algumas provações para poder trabalhar com o mundo elemental, por exemplo:

- Expor-se sem temor a um incêndio. O homem que teme o fogo nada pode ordenar às salamandras.
- Atravessar um abismo usando um tronco de árvore. Quem sente vertigem deve deixar em paz os silfos e não aborrecer os gnomos.
- Subir no topo de uma montanha íngreme em um dia de tempestade.
- Atravessar a nado uma cascata ou redemoinho perigoso. Quem tem medo da água nunca reinará sobre as ondinas.

Geoffrey Hodson, teosofista e ocultista inglês que pesquisava os elementais, relata que há grande semelhança entre mitos, lendas e folclores de vários povos do mundo. Ademais, há testemunhos de pessoas de diversas regiões que tiveram contato com os seres elementais, e aqui, humildemente, eu me incluo. A esses relatos, Hodson acrescenta que os espíritos elementais ligados à terra se apresentam sob a forma semi-humana, vivem dentro do solo e possuem aparência grotesca, são esguios e têm os braços compridos. Os seres ligados ao elemento água se assemelham a figuras femininas de pequena estatura, flutuam e brincam em lagos, rios e cachoeiras, e têm movimentos graciosos. Os seres associados ao elemento fogo têm o formato de labaredas, com o queixo e as orelhas pontudas. Já os ligados ao elemento ar têm a forma das fadas dos contos infantis, possuem asas, rodopiam, irradiam luz colorida e movimentam-se com muita rapidez, de todos são os mais representados em desenhos.

Na roda medicinal, ou arco sagrado, dos nativos norte-americanos os quatro elementos da natureza são classificados por clãs e proporcionam blocos de construções por toda vida na terra, através dos clãs são acessados os poderes dados pelos espíritos elementais, dos quais se obtêm mais habilidades e opções de caminhos para caminhar na Roda da Vida.

O CLÃ DA TARTARUGA: ELEMENTO TERRA

Representado pelo elemento terra, é o mais telúrico de todos os clãs. Ele provê as pessoas de estabilidade, praticidade, perseverança e constância. É o clã dos movimentos mais lentos, porém extremamente organizados, realistas e cautelosos. As pessoas influenciadas por esse clã são hábeis para cuidar da terra, assim como são boas para defender qualquer coisa, gostam de construir e têm habilidade para cuidar de pessoas, animais e plantas. Quando perdemos a conexão com a vida prática, devemos procurar o clã da tartaruga, porém ao utilizar demais essa energia, pelo fato de ela criar estabilidade, podemos nos tornar frios, inflexíveis, manipuladores, teimosos ou acomodados. Em situações assim, devemos usar os talentos de outro clã.

Banho de terra

Há vários ritos e cerimônias do elemento terra. Além de seu significado mágico, o banho de terra oferece um excelente tratamento de geoterapia, sendo indicado para problemas de pele, falta de energia ou para eliminar a energia negativa, aumentar a imunidade, tratar o alcoolismo, para paixões não correspondidas, entre outros.

Esta cerimônia deve ser iniciada no horário do meio-dia. Leve com você uma pá e um lençol de algodão. Vá acompanhado de alguém para lhe ajudar durante a tarefa ou, no caso de um paciente, para auxiliá-lo.

Procure uma terra virgem na mata. Peça permissão ao guardião da mata para realizar a cerimônia. Cave um buraco de aproximadamente trinta centímetros de profundidade, onde dê para se deitar. Estenda o lençol sobre a cavidade e deite-se nela com a cabeça para fora. O ajudante deverá embrulhá-lo no lençol e cobrir apenas o seu corpo com terra. Nesse momento concentre-se e, em silêncio, faça seus pedidos ao elemento terra. Seria de ajuda se o acompanhante pudesse tocar tambor durante a cerimônia. Fique por pelo menos trinta minutos sob a terra, ou pelo tempo que se sentir confortável.

O CLÃ DO SAPO: ELEMENTO ÁGUA

É representado pelo elemento água. É o mais fluido de todos os elementos, por meio dele aprendemos sobre a nossa própria fluidez, as mudanças constantes e como permitir que a emoção domine a razão. Aprendemos a deixar o coração guiar a nossa mente e as lágrimas a purgar as feridas do passado. As pessoas sob influência da água sabem exprimir seus sentimentos e têm o poder de tocar as emoções dos outros. Assim como as águas de um rio, os sentimentos não devem ser represados. As pessoas influenciadas por esse clã sentem forte ligação com a lua e gostam de estar perto de lagos, riachos, cachoeiras, praias etc. Os poderes do clã do sapo são de limpeza e transformações lentas, porém firmes. As pessoas desse clã geralmente têm especial talento para superar bloqueios emocionais, possuem habilidades psíquicas e intuitivas, mas devem ser cautelosos ao expressar seus sentimentos.

Cerimônia da água
Esta cerimônia deve ser preparada com dois dias de antecedência. É precedida por uma caminhada realizada com os olhos vendados, onde são feitos jogos e brincadeiras pelo caminho para despertar a nossa criança interior. Assim, quando chegar o momento do ritual, o participante já atingiu o nível vibratório desejado.

Realize a cerimônia em um lago, rio ou cachoeira, onde os participantes possam ficar com a água pela cintura. O ideal é tirar a roupa e os adereços identificados com a matéria. Podem ser mantidos os objetos espirituais, como amuletos, crucifixos, estrelas, medalhas, guias etc. Cada participante passa pela purificação do corpo com ervas e vai entrando em fila na água. Quando todos estão na água, meditamos sobre as emoções que queremos que sejam levadas para o fundo do rio e pedimos aos espíritos das águas que ajudem nossas emoções fluírem como um rio. Imediatamente após a meditação invocamos o Espírito Brincalhão através de uma brincadeira para despertar a criança interior.

CLÃ DO PÁSSARO-TROVÃO: ELEMENTO FOGO

Também chamado de clã do falcão vermelho, o clã do pássaro-trovão é representado pelo elemento fogo. É o clã da vitalidade e da transformação. As pessoas sob sua influência são intensas e rápidas, podendo parecer paradoxais, pois assim como o fogo aquece ele também pode queimar. As pessoas influenciadas por esse elemento devem ter consciência dessa dualidade em sua natureza. São carismáticas, pioneiras e estão sempre inovando. São corajosas e otimistas, por outro lado podem também ser dominadoras, sufocantes, ansiosas, consumistas e até enganadoras. Possuem o poder da inovação, da paixão e da transmutação.

Cerimônia do fogo

São inúmeras as cerimônias dedicadas ao fogo nas mais variadas tradições. Desde o simples fato de acender uma vela até as grandes fogueiras. Nas jornadas xamânicas, ao amanhecer os participantes fazem o rito do silêncio, ficando absolutamente calados desde o momento em que despertam até o anoitecer, quando chegam no local onde será realizada a cerimônia. No ritual matinal, entramos pelos portais da mata, oferecemos tabaco e farinha de milho aos espíritos guardiões da floresta e pedimos licença para realizar a cerimônia.

Dispostos em círculo, cada participante ocupará um lugar, onde permanecerá até o anoitecer. No horário combinado para o encontro, vamos até o local da cerimônia entoando canções de poder para cada portal da mata, iluminados pela luz de tochas acesas. Chegando ao local da cerimônia, o guardião do fogo, o responsável por cuidar da fogueira, acende-a oferecendo manteiga ou margarina vegetal para os elementais do fogo. Somente o guardião do fogo pode colocar madeira na fogueira. Na direção sul é feita uma pequena fogueira destinada às crianças e nela sim os participantes poderão colocar lenha para honrá-la. Sob o toque de tambor, são queimados os traumas, os pesares, os conflitos, de acordo com a visualização de cada participante, e através do fogo e da fumaça nossas preces são enviadas ao Universo. Como em todas as vivências xamânicas, as imagens mentais são fundamentais. Quando visualizamos nossas preces, a imagem do resultado esperado aparece como se já estivesse acontecendo.

CLÃ DA BORBOLETA: ELEMENTO AR

Para muitos xamãs, o elemento ar é reconhecido como o vento, pois ele inspira a ação, sendo o ar em movimento. O clã da borboleta é representado pelo elemento ar. É o clã das mudanças repentinas, do movimento, e sua intensidade pode variar de uma brisa gentil até um furacão. Por ser o respiro da vida, o elemento ar vai aonde quiser, e a pessoa influenciada por ele é geralmente espalhafatosa, despreocupada, idealista e visionária. É impulsiva, gosta de se comunicar, pode ser imprevisível, devendo ter cautela para que a agilidade demasiada não venha a lhe causar transtornos ou doenças. É o clã para se trabalhar com o intelecto sob a energia mental. Sua característica é a mudança rápida, a criatividade, embora as pessoas sob a influência desse clã possam ser um pouco desorganizadas.

Cerimônia dos ventos
O lugar ideal para qualquer cerimônia relacionada com o elemento ar é nas montanhas, em lugares altos, onde se possa sentir os ventos chegarem. Visualize mentalmente um círculo sagrado em seu redor, pode ser de pedras, cores, fogo, luzes etc. Posicionado na direção leste, saúde os ventos do leste que trazem iluminação e claridade. Girando o corpo no sentido horário, na direção oeste, saúde os ventos do oeste que trazem intuição e nutrição. Movendo o corpo no sentido horário, se posicione na direção sul, saúde os ventos do sul que trazem fé e confiança. Girando o corpo para a direção norte, saúde os ventos do norte que trazem harmonia e sabedoria. Sente-se de frente para o norte, a direção dos ventos. Faça conexão com seus ancestrais xamânicos. Relaxe a mente, evite controlar os pensamentos, deixe a mente em silêncio para poder perceber a sonoridade de sua alma. Perceba sua própria música, seu ritmo interno. Quando sentir que é o momento pergunte mentalmente a si mesmo:

Quem sou eu?
Caso não obtenha a resposta, dê a si mesmo a réplica. Por exemplo:

Quem sou eu?
Resposta interior: *Eu sou teimoso.*
Réplica: *Não, eu não sou teimoso. Eu sou a consciência pura.*

Quem sou eu?
Resposta interior: *Eu sou ansioso.*
Réplica: *Não, eu não sou ansioso. Eu sou a harmonia do meu verdadeiro ser.*

Quem sou eu?
Resposta interior: *Eu sou muito radical.*
Réplica: *Não, eu não sou muito radical. Eu sou o que sou.*

AS DIREÇÕES

O culto das direções está presente em diversas doutrinas mágico-religiosas, assim como nas grandes pirâmides do Egito, que são orientadas para o norte. Muitos meditam de frente para o leste. Para os nativos norte-americanos, cada ponto cardeal tem um espírito guardião que é responsável pelos ensinamentos do tempo, pelas estações e os poderes de cada direção. Eles mostram nossos verdadeiros talentos e o caminho para andarmos em beleza na Mãe Terra.

Xamãs de diversas tradições atribuem poderes às quatro estações, marcadas pelos solstícios e equinócios. Os rituais da primavera, do verão, do outono e do inverno eram praticados também por camponeses. No xamanismo, a relação das estações com as direções varia de acordo com cada cultura. No entanto, geralmente há uma correspondência entre as estações e as direções cardeais, que pode ser representada da seguinte forma:

- Primavera: Leste
- Verão: Sul (hemisfério norte) Norte (hemisfério sul)
- Outono: Oeste
- Inverno: Norte (hemisfério norte) Sul (hemisfério sul)

Essa correspondência está relacionada às características das estações e às qualidades dos elementos da natureza associados a cada direção. Por exemplo, o Leste é associado ao nascer do sol e à renovação, características que estão ligadas à primavera e ao elemento fogo. Já o Norte (hemisfério sul) é associado ao calor e à energia, o que se relaciona ao verão e ao elemento água. O Oeste é associado ao pôr do sol e à introspecção, características ligadas ao outono e ao elemento terra. E, por fim, o Sul (hemisfério norte) é associado ao frio e à solidez, características que se relacionam ao inverno e ao elemento ar.

Nesta edição estamos adotando as direções na roda medicinal de acordo com o hemisfério sul. O posicionamento da roda para o hemisfério norte segue o contrário do nosso, com o giro no sentido horário.

Montando um altar xamânico

Você pode montar um altar xamânico das quatro direções e evocar os talentos de cada uma para fazer meditações, preces ou pedidos. Primeiramente, medite sobre os talentos de cada direção:

DIREÇÃO NORTE

Em algumas tradições é possível que o espírito guardião da direção norte seja o porco-espinho, o coelho ou o coiote, assim como nas outras direções também é possível haver mais de um animal guardião (totem).

> **Espírito guardião:** o coiote. Em geral, ele é tido como um animal traiçoeiro. Segundo o xamanismo, o coiote nos aterroriza quando esquecemos da nossa inocência, da nossa criança interior.
> **Elemento:** água
> **Símbolo:** colocar um copo d'água no seu altar xamânico
> **Cor:** vermelho da fé e das emoções
> **Reino:** vegetal
> **Corpo:** emocional
> **Corpo celestial:** Lua
> **Tempo:** passado

Talentos: local da fé e da confiança, da inocência e da humildade, das emoções, dos sentimentos, da criança interior e das brincadeiras e jogos. Sente-se voltado para o norte para fazer fluir seu emocional. Recorra ao guardião da direção norte quando se sentir desequilibrado emocionalmente, ao ser afetado por pensamentos invalidantes, ao duvidar de sua capacidade de dar e receber amor, ao deixar de ter fé no Criador e no mundo, ao se esquecer de sua criança interior ou quando faltar tempo para se divertir.

Evocação: "Ó espírito da direção norte, local de confiança e fé, portal das emoções e do elemento água, equilibra-me". (Você também pode citar seu animal guardião e outros talentos).

DIREÇÃO SUL

Espírito guardião: búfalo branco
Elemento: ar/vento
Símbolo: acender um incenso no seu altar xamânico
Cor: o branco da fumaça do cachimbo
Reino: animal
Corpo: mental
Corpo celestial: estrelas
Tempo: futuro
Talentos: local da sabedoria e do conhecimento, da beleza e da ressonância harmônica, da imaginação ilimitada e do intelecto, dos sábios, anciões e ancestrais. É uma direção de preces e de agradecimento.

É o local da honra. Você poderá, por exemplo, sentar-se voltado para o sul quando estiver em época de provas ou de exames nos estudos. Quando sentir que sua vida precisa ser harmonizada ou, simplesmente, para agradecer alguma graça recebida. Ou ainda quando quiser se conectar com seus ancestrais xamânicos ou com seres extraterrestres.

Evocação: "Ó espírito da direção sul, local de sabedoria e agradecimento, portal do conhecimento e do elemento ar, ensina-me".

DIREÇÃO LESTE

Espírito guardião: águia
Elemento: fogo
Símbolo: acenda uma vela em seu altar xamânico
Cor: o amarelo que é o centro e a essência do fogo
Reino: humano
Corpo: espiritual
Corpo celestial: Sol
Tempo: transitório, momentâneo, passageiro
Talentos: local da claridade e da iluminação, da luz espiritual e do nascer do sol. É a direção da visão, da visualização, da miração, do masculino elevado, da criatividade, da expansão da consciência, da imagem em ação e dos espíritos. É o lugar de nascer. Para canalizações, sente-se voltado para o leste quando precisar de maior clareza em sua vida, quando precisar ser mais livre e criativo, quando não enxergar alguns aspectos

de seu ser, quando ficar preso por demais no chão e quando sentir necessidade de maior espiritualização.
Evocação: "Ó espírito da direção leste, local de iluminação e claridade, portal da espiritualidade e do elemento fogo, ilumina-me".

DIREÇÃO OESTE
Espírito guardião: urso cinzento
Elemento: terra
Símbolo: colocar uma pedra, um cristal ou um vaso com terra no seu altar xamânico
Cor: o preto da escuridão da caverna
Reino: mineral
Corpo: físico
Corpo celestial: Terra
Talentos: local de introspecção e intuição. É o útero da Mãe Terra, representado pela caverna do urso. É o lugar de morrer para renascer, da nutrição e da proteção, do mundo subterrâneo e da escuridão. É o feminino profundo. Sente-se voltado para a direção oeste para se encontrar consigo mesmo e meditar profundamente quando necessitar ser nutrido com maior energia física, quando estiver aéreo e precisar colocar os pés no chão. Para pedir equilíbrio ecológico, para alcançar suas metas pessoais, para conseguir silêncio interior e saúde física, para mudar de trabalho.
Evocação: "Ó espírito da direção oeste, local de introspecção e intuição, portal da saúde e do elemento terra,

cura-me". Podem ser invocadas mais duas direções: o céu e a terra. Céu: "Ó grande força masculina por trás de tudo que existe, dá-me poder". Terra: "Ó grande força feminina por trás de tudo que existe, nutre-me".

Segundo os nativos norte-americanos, o Criador entregou tábuas de pedra contendo instruções para o "novo tempo" aos guardiões das raças vermelha, amarela, negra e branca. Em seguida, ele advertiu que a paz na Terra seria alcançada apenas quando esses quatro guardiões, cada um representando uma direção, estivessem no mesmo círculo de paz. Se as tábuas de pedra caíssem por terra, ou seja, as instruções fossem ignoradas, isso resultaria no Apocalipse, ou o fim dos tempos. Os guardiões das tábuas são:

- Guardião do norte: a raça branca, representada pelos suíços.
- Guardião do sul: a raça amarela, representada pelos tibetanos.
- Guardião do leste: a raça vermelha, representada pelos ameríndios do clã do fogo.
- Guardião do oeste: a raça negra, representada pelos africanos.

Em diversas culturas, as quatro direções são conhecidas pelos nativos como "os quatro ventos" ou "os quatro espíritos guardiões". No cristianismo, as quatro direções são associadas aos quatro arcanjos, os espíritos celestiais que atuam como mensageiros em missões especiais. Ezequiel em sua visão do Trono do Senhor dizia que era guardado por quatro anjos, com face de leão, touro, homem e águia. Muito embora exista uma versão diferente desta, o significado dos nomes dos quatro arcanjos se enquadra perfeitamente no estudo das quatro direções:

- Miguel é o protetor do norte, lugar da paz e da ressonância harmônica. O nome Miguel significa "Quem é Deus?". O norte é o lugar do conhecimento e da sabedoria. Miguel é o guardião da paz e da harmonia.
- Gabriel é o protetor do sul, lugar das emoções, do sentimento, do amor, da pureza e da inocência. O nome Gabriel significa "homem de Deus". Ele é o arcanjo que anunciou a vinda de Jesus, Rei do Amor, à Virgem Maria.
- Uriel é o protetor do leste, lugar de iluminação e do fogo. O nome Uriel significa "luz de Deus" ou "fogo de Deus".
- Rafael é o protetor do oeste, lugar do corpo físico e da cura. O nome Rafael significa "curado por Deus" ou "curador de Deus".

No Peru, os incas também invocavam as forças dos quatro pontos cardeais, notadamente no ritual da *Cocamama*:

- Norte: Uno
- Sul: Pacha Mama
- Leste: Deus Inti
- Oeste: Huaira

Os maias fazem referência a cada uma das quatro direções como sendo uma morada:

- Norte: morada da sabedoria e da purificação.
- Sul: morada da vida e da expansão.
- Leste: morada da luz e da geração.
- Oeste: morada da morte e da transformação.

Os Vedas se referiam aos quatro pontos cardeais como emanados da palavra. Nos livros sagrados que fundamentam toda a antiga tradição cultural hinduísta, a palavra tem papel fundamental na criação do Universo. Segundo os textos védicos, o mundo foi criado a partir do som primordial "Om", e a palavra é a fonte de todas as coisas. Os quatro pontos cardeais e os quatro elementos da natureza (terra, água, fogo e ar) são considerados manifestações do som primordial e são reverenciados como sagrados. Além disso, a tradição védica também atribui grande importância aos ciclos naturais, incluindo as estações do ano, que são consideradas parte do ciclo da vida e da morte, da criação e da destruição.

AS RODAS

A roda, ou círculo, representa a totalidade. Ela simboliza os ciclos de recomeço e renovação da vida. Na Índia, a roda é a forma geométrica usada na meditação para conduzir ao eu profundo, ao ser verdadeiro. A mandala, diagrama composto por círculos concêntricos, é utilizada na prática da ioga, no hinduísmo e no budismo, e como ponto focal para meditação, no tantrismo. Segundo Carl Gustav Jung, a mandala é encontrada na própria alma humana, aparecendo em sonhos e nas diversas imagens criadas pelo nosso inconsciente. Na tradição chinesa, o *yin-yang* tem a forma circular e contém o par de forças, masculino e feminino, sendo *yin* o princípio das manifestações passivas, frias e escuras do Universo, e *yang* o princípio encontrado nas manifestações ativas, quentes e luminosas.

O círculo é o símbolo usado para representar os astros, os ciclos celestes, as revoluções planetárias e o espaço infinito, sem começo e sem fim. O homem olha o mundo físico através de seus olhos que são circulares, assim como a Terra, a Lua, o Sol e os planetas. O tempo transcorre em movimento circular, e muitos ritos e cerimônias observam o sentido horário. Os pássaros constroem seus ninhos em formato circular, e na forma de círculo os animais delimitam seu território. O círculo é um símbolo amplamente utilizado em diversas culturas e tradições ao redor do mundo, representando a unidade, a totalidade e a perfeição. Na astrologia, o Zodíaco é dividido em 12 signos que são representados em um círculo, indicando a rotação da Terra ao redor do Sol. Na umbanda, os pontos de força são desenhados em círculos para marcar a presença dos orixás e das entidades espirituais. Em laboratórios, o círculo é utilizado para representar soluções, reações ou componentes químicos em experimentos. Em calendários, o círculo é utilizado para marcar dias importantes ou feriados. Em altares e templos, o círculo é utilizado como um espaço sagrado para rituais e práticas religiosas. Em resumo, o círculo é um símbolo que representa a unidade e a totalidade, e é utilizado em diversas áreas como forma de representar e simbolizar conceitos importantes.

No passado, o homem observava o céu a olho nu, sem instrumentos sofisticados. Ele observava as estrelas, os planetas e outros corpos celestes e fazia registros dessas observações. Em algumas culturas, como na dos maias e dos astecas, foram construídos observatórios astronômicos para ajudar em observações e registros. Além disso, o homem também observava os movimentos dos astros e os relacionava com fenômenos terrestres, como estações do ano, época de plantio e colheita, entre outros. Essas observações e conhecimentos foram passados de geração em geração, muitas vezes de forma oral, até serem registrados por escrito por diferentes culturas ao longo da história.

A roda medicinal dos xamãs é composta na forma de círculos concêntricos que revelam como alinhar e harmonizar as forças cósmicas dentro de nós mesmos para alcançarmos o autoconhecimento ou obtermos cura. Há diversas rodas nas várias tradições xamânicas, sendo conhecidas também como arco sagrado, roda medicinal e roda de cura. A roda medicinal não representa somente o pequeno universo individual de nossa própria vida, quando um xamã faz uma roda, ele está construindo uma representação simbólica do Universo e da Mente Universal, cujo Todo está conectado harmonicamente com todos os seres.

A RODA MEDICINAL

Vestígios da roda medicinal podem ser encontrados pelo mundo todo, desde os Grandes Círculos de Pedras da Europa e até as mandalas da Índia, como bem observa Sun Bear. No xamanismo, a roda medicinal é um instrumento de cura usado para sintonizar o homem com as influências e as forças da Terra, e com as energias da natureza que afetam a sua vida. Os nativos norte-americanos constroem a roda com o que chamam *Povo Pedra*. São 36 pedras alinhadas no chão de forma circular.

Os passos da dança na roda medicinal são bem simples. São representados por 36 posições de relacionamentos corretos e de respeito a todos os seres – minerais, plantas, animais e espíritos que habitam a Mãe Terra. Cada posição na roda afeta diretamente alguma área da vida humana. Para compreender essa visão é importante deixar de lado ideias preconcebidas, permitindo à imaginação ir além da dimensão intelectual e poder chamar novas aberturas e relações com as intensas energias de cura da Terra.

Segundo a visão xamânica, a alma entra no corpo físico antes do nascimento, trazendo as qualidades, os pontos fortes e potenciais, e as lições de vida que precisamos aprender para a nossa evolução. O momento do nascimento marca a entrada na roda medicinal, o círculo da vida, acompanhado pelo nosso espírito animal. Nesse momento, o nosso potencial é completo, temos tudo de que precisamos espiritualmente para seguir o caminho da vida. O estudo da roda medicinal resgata a conexão com todos os aspectos da vida e nos ajuda a compreender os traços do passado que influenciam o presente e que influenciarão o futuro. Lucy Harmer em seu livro *Shamanic Astrology* [Astrologia xamânica] afirma que:

Uma diferença básica separa os sistemas xamânicos e ocidentais da astrologia, claramente explicados por K. Meadows. Ele descreve a astrologia ocidental como um cinturão imaginário ou constelação fixa em torno da Terra, enquanto a astrologia xamânica é mais adaptada para o nosso ambiente particular do que a astrologia ocidental. Como a astrologia xamânica se baseia no ciclo natural das estações do ano e do Sol, os signos astrológicos mudam de um hemisfério para outro.

Ao longo desses anos, ao estudar os passos da dança na roda medicinal, fui observando que me movia de acordo com o ângulo do hemisfério norte, adotado como referência universal. A partir de 2003, porém, comecei a praticar a dança no compasso do hemisfério sul e pude compreender que viver em conformidade com as estações do ano é uma das chaves para se ter equilíbrio na Mãe Terra. Na dança das estações, enquanto é inverno no hemisfério norte, no sul é verão. As estações são opostas.

Tradicionalmente, os mapas-múndi mostram o hemisfério norte posicionado em cima e o sul embaixo, no entanto, essa convenção foi estabelecida de forma arbitrária pelo astrônomo Ptolomeu. Isso significa que se invertermos a orientação dos hemisférios, colocando o sul em cima e o norte embaixo, ela continuará sendo correta. Tal inversão na forma de visualizar o planeta nos possibilita caminhar na roda da vida de acordo com a realidade ecológica de cada região. Por ser a referência universal, o hemisfério norte foi adotado nas duas edições anteriores deste livro, mas nesta edição a roda medicinal passa a ter o hemisfério sul como referência.

Muitas rodas, muitas realidades

Há muitas versões da roda medicinal, e diversos autores nos Estados Unidos apresentam diferentes animais, cores, nomes e posições, porém, a essência é a mesma. Segundo a escritora norte-americana Jamie Sams: "Todas as 487 tradições e tribos da América do Norte têm suas próprias rodas de cura e seus próprios significados, sendo diferentes para cada direção, mas no geral são muito semelhantes". E Kenneth Meadows, autor respeitado por seu trabalho de adaptação da sabedoria xamânica para o mundo moderno, em seu livro *The Medicine Way: A Shamanic Path to Self Mastery* [O caminho da medicina: um caminho xamânico para o autocontrole], esclarece que:

> As direções da roda de cura não se sincronizam com as das tradições esotéricas ocidentais que colocam a terra no norte, o ar no leste, o fogo no sul e a água no oeste. Há uma discrepância de 90 graus como se o círculo recebesse um "entalhe" direcional completo – o que há de fato – e faz a diferença.
>
> A cruz dentro de um círculo das tradições ocidentais e a roda de cura dos índios norte-americanos são símbolos idênticos, mas alinhados de maneira diferente. Não se trata de certo e errado ou de um ser "melhor" ou

mais eficaz que o outro. São orientações diferentes e a diferença é importante, pois não apenas provocam uma mudança de atitude, mas também modificam a resposta e os resultados alcançados. Durante séculos, a cruz dentro de um círculo tem sido a ferramenta do mágico cerimonial, do metafísico experimental, do ocultista, do bruxo e do místico.

O caminho ocidental às vezes é apresentado como o caminho do "modelador sábio" e essa é uma boa definição, pois a roda está alinhada com o objetivo de modelar e moldar.

As tradições ocidentais enfatizam a determinação com a mente e a obtenção dos efeitos desejados de acordo com a vontade. São essencialmente formas de ganhar controle e domínio sobre as forças invisíveis da natureza. E dos elementos, de direcionar energias para trazer à realidade física aquilo que foi desejado ou imaginado na mente através do intelecto e impulsionado pela vontade que foi alimentada pela emoção.

O ar no Leste significa determinar com a mente e o intelecto e tomar decisões através do raciocínio lógico. O fogo no Sul enfatiza a aplicação de princípios espirituais como meio de exercer poder sobre as coisas. A água no Oeste implica apegar-se às emoções e aos desejos e ligá-los ao seu polo oposto – a vontade. A terra no Norte enfatiza o recebimento de benefícios materiais. [...]

Aspectos negativos dessa abordagem se infiltraram nos níveis internos e encontraram expressão na vida daqueles que não têm a visão ou a preocupação de ter uma visão holística do Universo.

Ao ver uma roda medicinal diferente da que você estuda, evite julgar levianamente afirmando que esta ou aquela é a correta. Como vimos, há diferentes abordagens da roda e todas são válidas. Devemos ser humildes e evitar fazer críticas irrefletidas. Antes de emitir sua opinião, pergunte ao outro há quantos tempo ele estuda o assunto, como ele faz a roda girar e se realmente tem curado as pessoas. Dito isso, vamos ao estudo da roda para o hemisfério sul.

Através de minha pesquisa, do contato com xamãs e da canalização do conhecimento ancestral, elaborei a RODA MEDICINAL VOO DA ÁGUIA, que compartilho aqui com o leitor. Nesta abordagem, associamos os pontos cardeais aos quatro elementos da natureza:

- Norte: água
- Sul: ar
- Leste: fogo
- Oeste: terra

Cerimônia de construção da roda medicinal
Comece selecionando as 36 pedras que você usará, podem ser pedaços de quartzo, pedras de rio, enfim algo que transmita a sensação de poder. Purifique o local com sálvia ou outra erva. Faça a limpeza de si mesmo e de todas as pedras. Invoque os poderes correspondentes à posição de cada pedra e ofereça uma pitada de tabaco. Caso você esteja na natureza coloque debaixo da pedra, se estiver dentro de casa use um vaso com terra para honrar todas as 36 posições. Posicione as pedras sempre seguindo o sentido anti-horário conforme o diagrama da roda medicinal do hemisfério sul.

AS RODAS 201

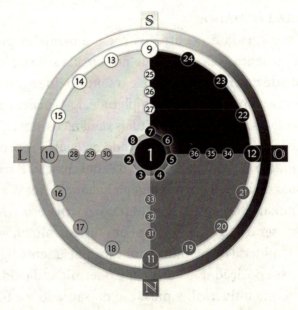

FIGURA 9. A roda medicinal do hemisfério sul. (Arte: Pablo Peinado. Acervo do autor)

1   Criador
2   Mãe Terra
3   Pai Sol
4   Vovó Lua
5   Tartaruga
6   Sapo
7   Pássaro-trovão
8   Borboleta
9   Sul
10 Leste
11 Norte
12 Oeste
13 Lua da renovação
14 Lua da limpeza
15 Lua dos ventos fortes
16 Lua dos novos começos
17 Lua do crescimento
18 Lua da floração
19 Lua dos dias longos
20 Lua do amadurecimento
21 Lua da abundância
22 Lua do cair das folhas
23 Lua da decomposição
24 Lua das noites longas
25 Limpeza
26 Renovação
27 Sabedoria
28 Clareza
29 Pureza
30 Iluminação
31 Crescimento
32 Confiança-fé
33 Amor
34 Experiência
35 Introspecção
36 Força

PEDRA 1 › CRIADOR

Posicionada no centro da roda, a primeira pedra representa o Criador, que nos ensina sobre a habilidade de criar, sobre a fé e o sentido do sagrado, e sobre como alcançar a completude. Essa pedra representa o *self*. Nos antigos rituais xamânicos, um crânio de búfalo era às vezes colocado no centro representando o assento da mente e da consciência. É o símbolo do antigo povo indígena Lakota Sioux Wakan Tanka, o GRANDE ESPÍRITO, o TUDO e o NADA. Por ser o TUDO, não existe um totem animal, vegetal, mineral ou nenhuma cor especificamente ligada a essa posição. É o começar e o terminar da vida. A energia universal, a pulsação do sagrado e a força sem-fim. É a posição em que procuramos ter melhor entendimento do Universo e onde buscamos a nossa fé. Em torno do Criador forma-se o círculo central, constituído por sete pedras, simbolizando a fundação dos blocos de vida. As sete pedras ao redor do Criador representam a vida e a visão, e somadas as quatro direções norte, sul, leste e oeste representam as energias presentes no mundo antes do homem.

PEDRA 2 › MÃE TERRA

Representa o amor e os novos começos da Mãe Terra, que nos dá o lar e a vida. Em muitas rodas medicinais era plantada uma árvore para representar a Mãe Terra. Ela nos ensina sobre a nutrição feminina. Essa posição ajuda em problemas de infertilidade, na preparação dos pais para o nascimento dos filhos, ajuda os pais a se tornarem mais amorosos com os filhos e auxilia na meditação das questões ecológicas e ambientais.

PEDRA 3 › PAI SOL
Posição associada ao crescimento e à claridade. É onde vamos buscar mais energia para expandir a vida. Essa posição dá o conhecimento sobre o aspecto masculino. Um local para buscar coragem, para negar quando é necessário e para estabelecer limites. É onde evocamos a força curativa do Sol.

PEDRA 4 › VOVÓ LUA
É o guia dos nossos sonhos e visões. Nos dá intuição e habilidades psíquicas. Nos ensina sobre a sexualidade, a sensualidade e as emoções, e gentilmente nos ajuda a conhecer a parte mais sombria de nosso ser. Os clãs elementais representados por água, terra, fogo e ar nos dão instrumentos para utilizar seus poderes e estabelecer uma profunda conexão com o Universo e o nosso interior e, juntamente com as outras quatro pedras, nos lembram da Lei das Oitavas.

PEDRA 5 › CLÃ DA TARTARUGA (TERRA)
Para situações em que nos sentimos distraídos e aéreos, para nos conectar com a energia da terra.

Ensina como ter organização, perseverança, estabilidade, praticidade e discernimento em pontos de vista.

PEDRA 6 › CLÃ DO SAPO (ÁGUA)
Poder de limpeza e transformação. Para fluírem as emoções, limpar mágoas, rancores, ressentimentos, culpas e bloqueios emocionais. Tem forte conexão com a Lua, o que facilita o desenvolvimento de habilidades intuitivas.

PEDRA 7 › CLÃ DO PÁSSARO-TROVÃO (FOGO)
Vitalidade e transformação. Traz dádivas de carisma, coragem e otimismo. Seus poderes estão relacionados com a paixão, a inovação e a transmutação. Sabedoria para lidar com a dualidade e temperar nossa própria intensidade também são os ensinos desta posição.

PEDRA 8 › CLÃ DA BORBOLETA (AR)
Ensina sobre as nossas reais necessidades e capacidades. Para nos tornarmos mais livres, criativos e etéricos, quando estamos muito enraizados em pensamentos ou questões materiais. Para comunicação e mudanças rápidas.

Dividindo o círculo em quatro quadrantes estão as pedras dos pontos cardeais, ou espíritos guardiões, trazendo o poder da direção que eles representam, o poder de um tempo do dia, ano e vida, o poder de um vento, animal, vegetal, elemento, cor etc., conforme foi visto no capítulo anterior.

PEDRA 9 > DIREÇÃO SUL
PEDRA 10 > DIREÇÃO LESTE
PEDRA 11 > DIREÇÃO NORTE
PEDRA 12 > DIREÇÃO OESTE

As pedras que representam as doze luas descrevem as lições através de seus totens, oferecendo um caminho de entendimento e celebração das mudanças que ocorrem na nossa vida. Quando nascemos, a Lua determina o nosso ponto de partida na roda.

PEDRA 13 > LUA DA RENOVAÇÃO (CLÃ DA TARTARUGA)
Tempo de renovação: 21 de junho a 21 de julho. O primeiro ciclo do inverno que traz o solstício de inverno, é o tempo de refrescar e renovar a Terra.
Ensina a ser claro, adaptável, fluente, prudente e sábio.

PEDRA 14 > LUA DA LIMPEZA (CLÃ DA BORBOLETA)
Tempo de limpeza e purificação: 22 de julho a 22 de agosto. Este ciclo intermediário do inverno é o tempo em que a Terra está se purificando antes que o ritmo de vida aumente e tudo comece a crescer novamente. Ajuda a desenvolver habilidades físicas, a descobrir talentos, a ter coragem, a ser humanitário e a cultivar sua face gentil e suave.

PEDRA 15 › LUA DOS VENTOS FORTES (CLÃ DOS SAPOS)
Tempo dos grandes ventos: 23 de agosto a 22 de setembro.
Este é o terceiro ciclo no Sul, um período de turbulência atmosférica, quando os ventos são tempestuosos, mudando rapidamente de direção. É uma época em que as temperaturas mais quentes trazem as chuvas em preparação para a nova vida que está prestes a florescer.
Transmite sensitividade, a necessidade de buscar a espiritualidade e de pisar na terra.

PEDRA 16 › LUA DOS NOVOS COMEÇOS (CLÃ DO PÁSSARO-TROVÃO)
Tempo de despertar: 23 de setembro a 22 de outubro.
Quando a natureza parece despertar de seu descanso do inverno e renascer.
Ensina sobre a energia, a intensidade, a audácia, o otimismo, a canalizar as energias e a ser paciente com os outros.

PEDRA 17 › LUA DO CRESCIMENTO (CLÃ DA TARTARUGA)
Tempo de crescimento: 23 de outubro a 21 de novembro.
Quando a vegetação cria raízes e mostra um crescimento rápido acima da superfície do solo.
Ensina a perseverança, a praticidade, o equilíbrio entre o céu e a terra dentro de nós mesmos, para a manutenção da ordem e da beleza em nosso meio ambiente.

PEDRA 18 › LUA DA FLORAÇÃO (CLÃ DA BORBOLETA)
Tempo de florescimento: 22 de novembro a 21 de dezembro. Último ciclo da primavera, o momento em que as plantas estão atingindo o ápice de seu crescimento. Favorece as habilidades curativas e criativas, indica traços separados de nossa personalidade, e ensina sobre a própria beleza de cada um.

PEDRA 19 › LUA DOS DIAS LONGOS (CLÃ DOS SAPOS)
Tempo dos dias longos: 22 de dezembro a 19 de janeiro. Começa no solstício de verão, quando a natureza começa a desacelerar seu ritmo e a crescer em direção à maturidade de dar frutos para as primeiras colheitas. Conexão com o coração, a inspiração e a autoexpressão. Nos ensina sobre a importância das emoções, dos relacionamentos e de se ter um lar seguro.

PEDRA 20 › LUA DO AMADURECIMENTO (CLÃ DO PÁSSARO-TROVÃO)
Tempo da maturação: 20 de janeiro a 18 de fevereiro. É o período em que o Sol está mais quente no hemisfério sul e faz amadurecer os frutos na terra.
Ensina a trabalhar com o centro do coração, como demonstrar afeição, encarar temores e desenvolver a coragem e as habilidades de liderança.

PEDRA 21 › LUA DA ABUNDÂNCIA (CLÃ DA TARTARUGA)
Tempo da colheita: 19 de fevereiro a 20 de março. Marca o tempo da abundância para se extrair a recompensa da terra.
Ensina o bom julgamento e a justiça, a imparcialidade, o bom senso, a habilidade para analisar, a racionalidade e nos faz entender o verdadeiro conceito de trabalho e dever.

PEDRA 22 › LUA DO CAIR DAS FOLHAS (CLÃ DA BORBOLETA)
Tempo do cair das folhas: 21 de março a 19 de abril. Este é o primeiro ciclo influenciado pelo espírito do Oeste, é o tempo do outono, quando tudo na natureza é desacelerado. Atrai a energia do Sol e da Terra.
Ensina a entender relacionamentos com grupos e a mudar repentinamente de planos.

PEDRA 23 › LUA DA DECOMPOSIÇÃO (CLÃ DOS SAPOS)
Tempo gelado: 20 de abril a 20 de maio. A natureza está ocupada cuidando e protegendo tudo o que nasceu. Os ventos frios começam a chegar e chega a última colheita.
Mostra como focalizar as energias, a adaptabilidade e a capacidade de enfrentar até os nossos maiores medos. Habilidade para promover mudanças, curiosidade e desejo pela verdade.

**PEDRA 24 › LUA DAS NOITES LONGAS (CLÃ DO PÁSSARO-
-TROVÃO)**

Tempo das noites longas: 21 de maio a 20 de junho. O último dos ciclos influenciados pelo espírito do Oeste, o ar é fresco e limpo, a noite começa a ser maior do que o dia e a se preparar para a renovação da Terra.
Ensina a perceber os sentimentos dos outros e ter flexibilidade nas dualidades. Mostra como ter força mental e ser suave e forte ao mesmo tempo.

As pedras seguintes se referem aos caminhos espirituais de cada espírito guardião através da roda. Ensinam as qualidades de que necessitamos para ir de qualquer parte da roda para o centro. É o mapa da estrada no nível físico, mental, emocional e espiritual.

PEDRA 25 › LIMPEZA

Nível físico: desintoxicar o corpo e livrá-lo de impurezas.
Nível mental: remover velhas ideias e pensamentos inadequados.
Nível emocional: desobstruir emoções bloqueadas.
Nível espiritual: mostrar o que é realmente sagrado para nós.

PEDRA 26 › RENOVAÇÃO

Nível físico: renovar a saúde e revitalizar o corpo.
Nível mental: ter novas perspectivas e novas ideias.

Nível emocional: amar a si mesmo e se cuidar melhor.
Nível espiritual: renovar a fé no Criador e na benevolência da vida.

PEDRA 27 › SABEDORIA
Nível físico: conhecer os limites do corpo e como trabalhá-lo.
Nível mental: habilidade para discernir e temperar a experiência com o entendimento.
Nível emocional: adquirir maturidade e o senso de estabilidade.
Nível espiritual: decidir se tornar sábio por si mesmo.

PEDRA 28 › CLAREZA
Nível físico: descomplicar a vida.
Nível mental: ter mais consciência, comunicar-se diretamente e ter lucidez.
Nível emocional: ser mais espontâneo e desbloquear energias.
Nível espiritual: ter maior conexão espiritual e ser receptor da energia universal.

PEDRA 29 › PUREZA
Nível físico: olhar o mundo com os olhos de uma criança para ter entusiasmo.
Nível mental: livrar-se de preconceitos, cinismo e sarcasmo.

Nível emocional: ensina sobre integridade, honestidade e espontaneidade.
Nível espiritual: lugar de equilíbrio, de generosidade e de autorrealização.

PEDRA 30 › ILUMINAÇÃO
Nível físico: deixar a energia sagrada revitalizar o seu corpo.
Nível mental: quando se necessita usar a intuição, ensina sobre as verdades da vida.
Nível emocional: deixar fluir o amor incondicional e a paz.
Nível espiritual: ter o entendimento divino e partilhar o ensino com os outros.

PEDRA 31 › CRESCIMENTO
Nível físico: expansão, mudança. Para desenvolver o corpo físico.
Nível mental: expandir os conhecimentos, para aprender mais sobre algo.
Nível emocional: enriquecer as emoções, expandir nossos limites.
Nível espiritual: assumir responsabilidades pelas próprias experiências.

PEDRA 32 › CONFIANÇA – FÉ
Nível físico: aceitação do corpo, a capacidade de confiar em si mesmo e no universo, aceitando os

desafios e incertezas da vida sem resistência e medo excessivo.
Nível mental: deixar as suspeitas, para fortalecer a crença.
Nível emocional: capacidade de dar e receber amor.
Nível espiritual: aprender sobre a fé verdadeira, para aberturas espirituais.

PEDRA 33 › AMOR
Nível físico: maior prazer nos relacionamentos, energia sexual e afeição.
Nível mental: cura de problemas emocionais, reconhecimento e estima.
Nível emocional: encontrar devoção, ternura, compaixão, êxtase e paixão.
Nível espiritual: amor incondicional, devoção, aceitação e conexão com o Criador.

PEDRA 34 › EXPERIÊNCIA
Nível físico: habilidades concretas, memória corporal e perícia.
Nível mental: aprender a julgar os próprios erros e ter consciência do que aprendeu.
Nível emocional: ter maior confiança e envolvimento. Ser menos severo com os sentimentos.
Nível espiritual: melhorar o autoconhecimento e internalizar o aprendizado.

PEDRA 35 › INTROSPECÇÃO
Nível físico: refugiar-se e sossegar. Aprender a trabalhar interiormente o corpo.
Nível mental: ajuda a refletir, pensar antes de falar, usar a sabedoria interna.
Nível emocional: ter sentimentos verdadeiros, para afastar-se de sentimentos ruins.
Nível espiritual: aprender a meditar e obter maior consciência sobre a vida.

PEDRA 36 › FORÇA
Nível físico: paciência, resistência, força e firmeza.
Nível mental: ter disciplina mental, coragem, maior determinação e segurança.
Nível emocional: tornar-se mais concentrado e mais equilibrado.
Nível espiritual: quando precisar de força para perceber sua ligação com o Criador.

Há diversas formas de trabalho, e a sua experiência com a roda lhe ensinará o seu próprio método. Lembre-se de que o simples fato de a construir já possibilita o acesso a seus poderes. Uma das maneiras de experimentar o trabalho com a roda medicinal é, após a cerimônia de construção da roda, acessar o animal guardião para que ele o conduza através dos caminhos, ou ainda, mentalizar profundamente as questões com os olhos fechados e passar a mão direita por cada pedra até sentir um calor na palma da mão, que corresponde à pedra indicada.

Para obter ajuda em situações desafiadoras, veja a seguir uma lista com as posições para meditar e acessar os poderes da roda medicinal:

SITUAÇÃO	IR PARA A PEDRA
Adaptação, falta de	6
Afastamento	6 / 7
Ambição, falta de	3 / 16 / 20 / 23
Amor, falta de	11 / 33 / 19
Ansiedade	1 / 2 / 5
Chão, falta de	5 / 13 / 21
Compulsão, vícios	5
Confusão	9 / 28
Consciência ecológica	2 / 15 / 22
Coração partido	11
Coragem	1 / 5 / 7 / 20
Crença, falta de	13 / 19 / 22 / 32
Criatividade, falta de	1 / 10
Culpa	2 / 5 / 11 / 32 / 33
Cura emocional	11
Cura espiritual	10

Cura física	12
Cura mental	9
Decisão, falta de	13 / 20 / 21
Depressão	7 / 10 / 16
Desespero	1 / 31 / 32 / 33
Disciplina, falta de	3 / 9 / 12 / 13 / 36
Dúvidas	1 / 13 / 32
Egoísmo	7 / 17 / 21
Emoções reprimidas	4 / 6 / 15 / 28
Energia, falta de	3 / 10 / 7 / 18 / 16
Estabilidade, falta de	2 / 5 / 13
Estresse	1 / 14 / 18
Felicidade	6 / 14 / 16 / 33 / 32 / 34
Fraqueza	12 / 36
Habilidades psíquicas, melhorar	4 / 10 / 14
Harmonia	17 / 8 / 22
Humor, falta de	8 / 11 / 14
Imaturidade	9 / 12
Infertilidade	2 / 4
Injustiça	24
Intuição	4 / 12 / 14 / 32

Inveja, ciúmes	19 / 32 / 33
Irritação	8 / 14 / 19
Limites, falta de	5 / 13
Limites muito rígidos	15 / 22
Medo	16 / 20 / 24 / 36
Motivação, falta de	7
Mudança, desejo de	1 / 6 / 5
Ódio	19 / 22 / 33
Pessimismo	10 / 16
Possessividade	24 / 32 / 33
Preguiça	16 / 17 / 21
Proteção, desejando	1 / 2 / 5 / 7 / 15
Rejuvenescimento	11
Relacionamentos, dificuldades	11 / 19 / 32
Responsabilidade, falta de	5 / 13 / 21
Responsabilidade, muita	6 / 8 / 14
Ressentimento	21 / 22 / 33
Rotina, escravo da	16 / 18
Sabedoria	3 / 9 / 10 / 21 / 29
Sensibilidade, falta de	15 / 19 / 20
Sensitividade, desejando	4 / 19

Sensualidade, explorando	4 / 20 / 23
Seriedade, muita	8 / 14 / 19 / 24
Sexual, problema	4 / 11
Sócios, procurando	2 / 3 / 4 / 6 / 11
Sombra, examinar a	4 / 19 / 22 / 23
Teimosia	6 / 8
Tensão	4 / 14 / 18 / 22
Tóxico, intoxicação	25 / 27
Tradição, em busca da	13
Tranquilidade	2 / 13
Transformação	todas as posições
Transformações rápidas	6 / 8
Tristeza	7 / 14 / 16
Verbal, muito	15 / 23
Verdade, buscando a	4 / 10 / 28 / 29 / 30
Visão, falta de	10 / 16 / 28

AS ZONAS CÓSMICAS E OS VÓRTICES DE ENERGIA

Antes de iniciar um ritual xamânico, devemos sempre fazer saudação aos mundos inferior, intermediário e superior. O xamã é um viajante capaz de atravessar de uma zona cósmica para outra, e nessa *viagem*, ele recupera almas perdidas, busca poder e conhecimento, e se encontra com os espíritos. A viagem xamânica é o voo da alma, que é conseguido através do transe.

Na Cerimônia para encontrar o animal guardião (página 76), vimos que tudo começa com a visualização de uma abertura subterrânea pela qual caminhamos até encontrar a entrada para o mundo profundo. A partir desse mundo, o xamã pode ir para onde quiser, sempre retornando ao final da jornada.

Os Kahunas, xamãs havaianos, chamavam a mente consciente de *"uhane"*, o eu médio; a mente subconsciente de *"unihipili"*, o eu básico; e a mente superconsciente de *"aumakua"*, o eu superior. Nas cartas aos estudantes de filosofia huna, o professor norte-americano Max Freedom Long afirmava que os três "eus" quando estão em harmonia e trabalham juntos podem operar verdadeiros milagres. Long explicou aos alunos que o "eu médio" é o que reconhece a própria existência, é a razão e a habilidade de raciocínio. O "eu básico" é suscetível à sugestão, é o subconsciente que controla as funções do corpo. O "eu superior" é o superconsciente, o próprio anjo da guarda, é o que expressa todas as qualidades divinas.

O médico libanês e escritor naturalista Jorge Elias Adoum, ou Mago Jefa, ensinava que o homem Deus é a trindade manifestada no corpo. Em seu livro *As chaves do Reino Interno*, Adoum afirma que por todos os centros magnéticos do homem fluem três energias: a eletricidade, o fogo serpentino e a energia da vida. Já para Éliphas Lévi: "Há três mundos inteligíveis que se correspondem entre si. O mundo natural, ou físico; o mundo espiritual, ou metafísico; e o mundo divino".

Para os incas o mundo intermediário é representado pelo puma, que simboliza a Terra, sua força e poder. É o mundo em que vivemos. O mundo subterrâneo é representado pela serpente, de onde parte a energia. E o mundo superior, ou celestial, é representado pelo condor. Outro princípio xamânico das zonas cósmicas diz respeito à Árvore da Vida, em seu tronco está o mundo intermediário, relacionado com a realidade ordinária. Nas raízes, está o mundo inferior, local dos ancestrais, onde nos ligamos aos arquétipos. E nos ramos está o mundo superior, que é o lugar da inspiração, da união com a divindade. A Árvore Cósmica e a Árvore da Vida são conceitos que têm origem em diferentes tradições e culturas. A Árvore Cósmica é um símbolo presente em diversas mitologias e religiões antigas, como a mitologia nórdica, hinduísta e maia. Ela representa a conexão entre o mundo material e espiritual, sendo vista como uma espécie de eixo que conecta diferentes planos da existência. Na mitologia nórdica, por exemplo, *Yggdrasil* é a Árvore Cósmica que conecta os nove mundos. Já a Árvore da Vida está presente em diversas tradições religiosas, como o judaísmo, o cristianismo e o islamismo. Ela representa a vida e a ligação entre o céu e a terra. Na tradição judaica, por exemplo, a Árvore da Vida é descrita como um elemento presente no jardim do Éden, símbolo da conexão entre Deus e a humanidade. Embora os dois conceitos compartilhem algumas semelhanças, como a ideia de conexão entre diferentes planos da existência, eles possuem origens e significados distintos.

Segundo Mircea Eliade, a técnica xamânica por excelência consiste em passar de uma região cósmica à outra, da terra ao céu, ou da terra aos infernos. Essa comunicação é possível porque as três regiões são unidas entre si por um eixo central. Esse eixo passa por uma abertura onde os mortos descem às regiões subterrâneas e, por onde os deuses descem à terra e, também, a alma do xamã em êxtase pode subir ou baixar durante suas viagens ao céu ou aos infernos. Esse eixo central, ou centro, representa o espaço sagrado. O xamã não tem preferência por uma região cósmica ou outra, pois todas têm sua importância no Universo. Em algumas viagens xamânicas, recebi a seguinte visão das zonas cósmicas:

- *Mundo inferior, ou subterrâneo*. Neste mundo nos conectamos com os espíritos de plantas, animais, minerais e com os espíritos humanos. É onde residem os mistérios da Mãe Terra. Nessa *viagem*, podemos aprender sobre a utilização de ervas medicinais, o uso de cristais e sobre os talentos dos animais. O mundo inferior é onde nos encontramos com a nossa sombra, a parte mais obscura do ser, onde também estão os instintos. É o mundo dos símbolos, dos arquétipos.
- *Mundo intermediário*. Onde é possível *viajar* no passado e no futuro. Respostas para as diversas questões da realidade ordinária podem ser obtidas nessa zona cósmica.
- *Mundo superior*. Nele nos conectamos com os mestres, é o local da inspiração, da criatividade e da liberdade.

Eliade também descreve a Montanha Cósmica que possibilita a relação entre a Terra e o céu, assim como o Pilar do Mundo. A ideia da Montanha Cósmica era familiar entre os povos primitivos da Sibéria e os nativos norte-americanos, e também em outras culturas, como a egípcia, a indiana, a chinesa e a grega. Como exemplos de montanhas cósmicas, temos o monte Olimpo, na Grécia; o monte Meru, montanha mitológica sagrada para os hindus; Machu Picchu, no Peru; o monte Fuji, no Japão; e o monte Shasta, nos Estados Unidos. O significado da Montanha Cósmica é semelhante ao da Árvore Cósmica.

Entre as diversas crenças xamânicas, há referência a aberturas que dão acesso para viajar ao mundo espiritual, geralmente as entradas são em forma circular. Essas aberturas também existem dentro de nós na forma de túneis, canais ou cavidades. Através de pictogramas rupestres, de estatuetas e de pinturas, os xamãs de diversos povos retrataram o mundo espiritual que há dentro de nós. Nas tradições do Oriente, essas aberturas são vórtices de energia conhecidos como chacras. É importante destacar que nas diversas culturas, há concordância quanto à localização de tais aberturas no corpo espiritual, muito embora haja diferença no que diz respeito a seu número e suas funções.

A energia vital é absorvida pela inspiração e deixa o corpo físico através da expiração. A respiração não é vital somente para o corpo físico, é o alimento da alma. A força vital, também conhecida como *mana*, *prana*, *chi*, ou *qi*, é extraída da energia cósmica através da respiração. Isso destaca a importância da respiração não apenas para o corpo físico, mas também para a energia vital que é assimilada e refinada pelos centros de energia do corpo, os chacras. A energia cósmica é absorvida através da respiração e, em seguida, transformada e distribuída pelo corpo, fornecendo alimento para a alma e para o corpo sutil. A energia vital é conhecida por diferentes nomes em diversas culturas, mas a ideia é a mesma: é uma energia que permeia todas as coisas e que pode ser acessada e utilizada através da respiração consciente e da prática de técnicas de equilíbrio energético.

Em cada inspiração recebemos a energia vital de canais chamados *nadis* no Oriente. Existem três canais de energia maiores, um localizado na linha da coluna e os outros dois entrelaçados em volta do canal central. O canal do lado direito, ou *pingala*, carrega a corrente positiva e o do lado esquerdo, ou *ida*, a corrente negativa. Eles formam um movimento de zigue-zague de lado a lado do canal central, ou *sushumna*, que carrega a corrente neutra. O canal direito transporta a energia solar, de natureza masculina, verbal e racional. Já o canal esquerdo transporta a energia lunar, de natureza feminina e emocional. O entrelaçamento desses canais é expresso no emblema que a magia conhece como caduceu, que é representado por duas serpentes, uma preta e outra branca, enlaçadas em um bastão. A partir do século XVI essa insígnia do deus Hermes, ou Mercúrio, foi usada como símbolo da medicina.

Os centros humanos de energia estão localizados ao longo da coluna vertebral, onde se acumula uma fina luz de energia que compõem a aura. A energia é ativada através da respiração, que percorre os canais e centros de energia, vitalizando o corpo físico através do sangue, do sistema nervoso e das glândulas endócrinas. Os centros de energia, assim como os órgãos físicos, podem ter o funcionamento comprometido devido a traumas emocionais, medos, ansiedade, estresse e luto, mas eles podem ser alinhados, ampliados e revitalizados.

Cada centro energético tem uma função em particular, que reflete a qualidade de vida de cada indivíduo. A ativação dos centros também se consegue por meio dos pensamentos. A pessoa espiritualizada amplia mais seus centros do que a pessoa comprometida por pensamentos materialistas. A expansão desses centros implica na própria expansão da consciência, provendo o indivíduo de discernimento para reconhecer outros reinos interiores de existência.

CENTRO DA RAIZ

Localizado abaixo dos pés, no casulo áurico. De onde recebemos energia da Mãe Terra. Liga-nos à terra como as raízes de uma árvore.

CENTRO DOS PÉS

Localizado entre os tornozelos, sua função está relacionada com o movimento e o equilíbrio.

CENTRO BÁSICO

Localizado na base da coluna, sua função é energizar o corpo físico. É onde repousa a kundalini, a energia latente. É concernente ao bem-estar físico e ao instinto básico de segurança e de sobrevivência. Onde se armazena a memória ancestral. Quando a nossa segurança básica é abalada, a adrenalina é liberada na corrente sanguínea nos fazendo reagir a qualquer tipo de ameaça, preparando-nos para a luta ou para a fuga. Seu nome em sânscrito é *muladhara chakra*. Ele está ligado às glândulas suprarrenais. As danças tribais vigorosas acompanhadas de tambores estimulam este centro.

CENTRO SEXUAL
Localizado abaixo do umbigo, esse centro energético internaliza as gônadas, que governam o sistema reprodutivo e influenciam a vida sexual, a reprodução e a fertilidade. Em sânscrito seu nome é *svadhisthana chakra*. Está relacionado aos órgãos sexuais. Este centro pode ser estimulado com danças intensas e sensuais.

CENTRO SOLAR
Localizado acima do umbigo, esse centro tem relação com a absorção da luz solar, também é conhecido como *hara*. É o centro que distribui a energia para todo o organismo. Controla o equilíbrio de açúcar no sangue, converte a comida ingerida em nutrientes. Está ligado aos órgãos do sistema digestório e à glândula do pâncreas, que secreta insulina, hormônio que atua no metabolismo dos carboidratos no sangue. Tem a função de controlar o crescimento e o equilíbrio. Em sânscrito seu nome é *manipura chakra*. Danças que despertem emoções ou marchas estimulam este centro.

CENTRO DO CORAÇÃO
Localizado na área do peito, na direção do coração. É o centro do amor, da afeição e da devoção. Está relacionado com o coração, o sangue, a circulação e o timo. É o centro de distribuição das energias magnéticas da vida. Seu significado funcional é o amor e as energias emocionais. Seu nome em sânscrito é *anahata chakra*. Sons emitidos por baleias e golfinhos ativam este centro.

CENTRO DA GARGANTA
Localizado na base do pescoço, esse centro está ligado à tireoide e paratireoide, que regulam o crescimento e afinam o sistema nervoso, e às cordas vocais. Está relacionado à "palavra falada", às vozes interiores, à capacidade de canalização, à clarividência e à telepatia. A energia da alma é expressa através do centro da garganta. Em sânscrito seu nome é *vishuddha chakra*. Seu significado funcional é o poder de purificar. Uma boa forma de estimular este centro é produzindo sons com a própria voz, sons que venham à mente.

CENTRO DA TERCEIRA VISÃO
Localizado entre os olhos, acima do nariz. É o centro de comando psíquico. Seu significado funcional é o poder mental, a habilidade de enxergar além das aparências, engloba o plano da consciência, pelo qual chegamos ao êxtase, *samadhi* ou nirvana. Revela a visão de futuro. Em sânscrito seu nome é *ajna chakra*. As músicas para meditação estimulam este centro.

CENTRO DA COROA
Localizado acima do topo da cabeça, é concernente ao conhecimento, à sabedoria e à intuição. É por onde se atinge planos mais elevados de consciência, onde encontramos o nosso verdadeiro ser e percebemos o divino. Este centro recebe os raios solares, juntamente com o centro da raiz, ficamos polarizados entre o Sol e a Terra. É o centro energético do *eu superior*. Em sânscrito seu nome é *sahasrara chakra*. Este centro pode ser estimulado por sons angelicais, como de flauta, harpa ou sinos.

Cada centro de energia corresponde a um poder humano e pode ser despertado através de respirações, canções de poder, sons, cores, meditações, concentrações, plantas de poder e vivências espirituais. Eles também representam as glândulas endócrinas. No caso específico do centro da coroa e da terceira visão, algumas tradições se contradizem atribuindo-os à glândula pineal e pituitária, respectivamente e vice-versa.

O psicoterapeuta e etnólogo alemão Holger Kalweit em seu livro *Shamans, Healers, and Medicine Men* [Xamãs, curandeiros e feiticeiros], diz que:

> De acordo com a fisiologia espiritual dos Hopi, um eixo atravessa a Terra. Ao longo dele estão localizados vários centros vibracionais, onde o tom primordial da Criação e da vida que ressoa por todo o Universo pode ser ouvido e sentido. O corpo humano é considerado um reflexo do corpo da Terra; seus centros vibratórios,

em número de cinco, situam-se ao longo da coluna vertebral. O símbolo do centro inferior, abaixo do umbigo, é a cobra, uma manifestação da Mãe Terra que carrega toda vida. Este centro vibracional regula o poder procriativo, está ligado ao *kopavi*, a "porta aberta", o ponto vibratório mais alto no topo da cabeça. O símbolo do *kopavi* é o antílope. O antílope e a cobra juntos são uma expressão da polaridade da vida – materialidade sutil e densa. Quando respiramos, o *kopavi*, ou fontanela (moleira), move-se suavemente para cima e para baixo, como em uma criança. A pulsação da fontanela é uma expressão de nossa comunicação com o Criador.

AS GLÂNDULAS

Em seu *Tratado esotérico de endocrinologia*, o gnóstico Samael Aun Weor define a *glândula pituitária* como reguladora e controladora da estrutura celular. A pituitária é a glândula-mestra do sistema endócrino, que controla as demais glândulas e tonifica os músculos involuntários do organismo. Weor se refere ainda à afirmação do dr. Jorge Adoum de que o átomo do Cristo cósmico se acha na glândula pituitária. Ela é do tamanho de uma ervilha e está localizada no cérebro.

Segundo Weor, a *glândula pineal*, também localizada no cérebro, tem cinco milímetros de diâmetro e está intimamente ligada aos órgãos sexuais. Segundo os iogues, a pineal é a janela de *Brahma*. Na gnose é dito que o átomo do Espírito Santo está na glândula pineal.

O desenvolvimento da glândula pineal nos permite perceber o corpo astral e seus sentidos anímicos.

Já a *glândula tireoide* possui dois lóbulos de cada lado do pomo-de-adão. É por onde adquirimos a capacidade de canalização. Essa glândula está relacionada com todo o metabolismo do corpo físico. Situada sobre a tireoide, está a paratireoide, que controla o cálcio nas células e no sangue. O *timo* está na base do pescoço. Segundo a astrologia essa glândula é influenciada pela Lua e está relacionada com o sistema imunológico. O *pâncreas* como já foi mencionado é a glândula produtora de insulina. O fígado transforma o glicogênio em glicose. As glândulas suprarrenais produzem a adrenalina.

FORMAS DE ESTÍMULO

CENTRO	SOM	TOM	COR	PEDRA	AROMA	INSTRUMENTO
Básico	Ã	Dó	Vermelho	Granada	Sálvia	Percussão
Sexual	U	Ré	Laranja	Comalina	Ilangue	Sopro
Solar	Ô	Mi	Amarelo	Citrino	Camomila	Órgão
Coração	Á	Fá	Verde	Malaquita	Rosa	Harpas
Garganta	AI	Sol	Azul	Crisocola	Pinho	Metais
Terceira Visão	EI	Lá	Anil	Lápis-lazúli	Sândalo	Piano
Coronário	I	Si	Violeta	Ametista	Jasmim	Cordas

HARMONIZANDO SEUS CENTROS ENERGÉTICOS

A seguir você encontrará uma técnica para trabalhar seus centros de poder.

Faça uma cerimônia de limpeza. Coloque o som de um tambor. Sente-se confortavelmente, mantendo a coluna ereta. Faça alguns movimentos giratórios, para obter maior relaxamento. Respire profundamente. Inspire a energia universal, e expire soltando o estresse. De olhos fechados, visualize seu espaço sagrado. Faça conexão com seu animal guardião. Estabelecido o contato com ele, peça-lhe que o conduza numa viagem ao seu centro básico, até o centro coronário. Observe todos os sinais, símbolos e manchas que for encontrando no caminho. Seu animal removerá de seus centros tudo o que deve ser removido, e preencherá com a luz da cor correspondente a cada centro. Procure anotar principalmente os símbolos encontrados em cada centro para estudos posteriores. Ao retornar, permaneça em seu espaço sagrado por alguns momentos sentido a vibração do trabalho.

OS SÍMBOLOS, AS IMAGENS E OS AMULETOS

OS SÍMBOLOS

A palavra "símbolo" vem do grego *"súmbolon"*, que significa "atar junto". Os símbolos nos dão explicações essenciais sobre o nosso ser e o mundo. São escritas secretas que alguns poucos iniciados conhecem. É muito curioso que certos símbolos sejam similares entre todos os povos. Eles nos levam à reflexão sobre o pensamento humano. Os símbolos não são apenas imagens ou formas que representam algo, mas carregam em si um significado mais profundo que reflete a cultura, a história e o pensamento humano por trás deles. Ao observar e refletir sobre os símbolos, podemos compreender melhor as crenças, os valores e as ideias de uma sociedade ou de um grupo específico de pessoas que os utilizam. Além disso, muitas vezes as pessoas que usam esses símbolos estão cientes da importância que eles têm em suas vidas e em suas práticas religiosas ou espirituais, o que reforça ainda mais o seu valor simbólico e significativo.

Os símbolos estão presentes em todos os processos de magia, na forma de amuletos, talismãs, fetiches, instrumentos de poder, imagens, estátuas, pentáculos, pontos riscados, mandalas, mosaicos, cruzes etc. Os símbolos são oriundos do espírito humano, por isso são eternos. Estabelecem um elo entre o homem e as divindades. São usados para fins curativos, expansão da consciência, equilíbrio psicológico, meditação, entre outros. São representações das formas criadoras do astral, produto da psique arquetípica. Os símbolos não proporcionam apenas a visualização, mas a reexperiência do que eles simbolizam.

Quando nos comunicamos com os outros, por exemplo, estamos sempre usando símbolos, mesmo sem ter consciência disso. Usamos as mãos, apontamos, utilizamos cores etc. As empresas usam os logotipos que dão identidade visual e significado a algo interno. Nos processos místicos, os símbolos são usados como linguagem básica. Eles são a base para a confecção de amuletos e talismãs. As vivências simbólicas são poderosas a ponto de desencadear mudanças literais em nós. Há técnicas terapêuticas que consistem em desenhar símbolos na areia. Os símbolos estão presentes em sonhos e, segundo o paranormal norte-americano Edgar Cayce, os sonhos são mais reais do que nossas experiências visíveis. Eles nos mostram a verdade mais profunda sobre nós mesmos, representam a força do verdadeiro encontro da mente com a alma.

Os símbolos são usados por diversos povos na pintura facial, corporal e nas tatuagens. No xamanismo, existe grande riqueza de símbolos, vamos conhecer aqueles que são universalmente usados. Antes de tudo, é preciso compreender o princípio segundo o qual o nosso mundo interior reflete a totalidade do Universo, ou seja, "o que está em cima está embaixo". Segundo o guru macedônio Omraam Mikhaël Aïvanhov:

> É importante nos debruçarmos sobre os símbolos porque eles são a linguagem da própria natureza. Mas para a maioria das pessoas essa linguagem ainda é indecifrável. Quando os iniciados do passado traçavam uma linha vertical ou horizontal, um círculo ou um ponto, e em seguida os combinavam – numa cruz, num triângulo, num quadrado, num pentagrama, num hexagrama – ou desenhavam a serpente mordendo a própria cauda (uróboro), eles punham em cada uma dessas figuras toda uma ciência eterna. A linguagem simbólica, que é a linguagem universal, representa a quinta-essência da sabedoria.

Quando um xamã constrói o círculo da roda medicinal, ele monta uma representação simbólica do Universo, da Mente Universal, na qual o TODO está conectado em harmonia sincrônica com todos os seres. Cada parte do Universo físico e cada coisa viva na Terra eram vistas como sendo de origem não material, mas espiritual e mental. Cada manifestação é um estado contínuo de mudança. Para os xamãs, "medicina" significa o "poder" ou a "energia vital" que está contida em todas as formas da natureza. Então, os símbolos representam uma espiral de geração de poder sob o controle da mente, que é multifuncional. O símbolo é o mapa da mente, através de seu uso podemos encontrar nosso próprio caminho de autoconhecimento para melhorar a nossa vida. Por meio deles podemos acessar forças cósmicas e naturais que estão imersas. Os símbolos também podem representar seres ou entidades presentes em diferentes culturas e tradições, como deuses, espíritos, anjos, entre outros. Esses símbolos são usados em práticas espirituais, rituais e cerimônias para invocar a presença desses seres e acessar suas energias e poderes.

A geometria é a base dos símbolos no universo da magia. No xamanismo os objetos de poder são expressos por símbolos, como nos pontos riscados na terra. Cada símbolo desenhado (desenhos) ou riscado (figuras geométricas) representa uma ideia, um sentimento, uma emoção, um fenômeno da natureza ou manifestação espiritual. O símbolo contém a força viva da ideia ou a intenção que lhe deu origem. As representações geométricas correspondem a ideias, pensamentos e sentimentos. O significado simbólico e sagrado atribuído a determinadas formas e proporções geométricas revela a maneira pela qual a energia do Universo está organizada. Vejamos o significado simbólico presente em algumas formas geométricas:

- *Círculo*: simboliza o Universo e a totalidade. Pode representar o *espaço sagrado*. No simbolismo antigo é o *espaço infinito*, sem começo e fim. Representa a perfeição divina e o mundo psíquico.
- *Cruz*: união dos opostos, é formada pela intersecção de dois traços, o vertical está associado ao masculino e o horizontal, ao feminino. A cruz também aponta para as quatro direções (pontos cardeais). Era um símbolo antigo da manifestação do tempo no espaço.
- *Círculo com cruz*: simboliza a perpetuação do espírito dentro do infinito, as quatro qualidades elementais e o momento da Criação, com a união do feminino e do masculino.
- *Círculo com ponto no centro*: representa o Criador, o Sol, o olho aberto de Deus, a primeira manifestação divina.
- *Triângulo*: representa a Trindade. É também um indicador de direção. O triângulo é usado na alquimia para representar os quatro elementos da natureza: o vértice do triângulo voltado para cima representa o fogo; o vértice para baixo, a água; o vértice para cima dividido por uma barra horizontal, o ar; e o vértice para baixo dividido por uma barra horizontal, a terra. O triângulo representa o equilíbrio perfeito dos três aspectos da divindade, como Pai-Filho-Espírito Santo, *Brahma-Shiva-Vishnu*, *yin-yang-Tao*, eu superior-eu médio-eu básico, Sol-Lua-Terra etc.

- *Quadrado*: simboliza a matéria, os quatro elementos da natureza.
- *Estrela de cinco pontas*: é o pentagrama. Representa os cinco sentidos. Os quatro membros e a cabeça, o homem perfeito. As cinco virtudes do homem: amor, bondade, justiça, sabedoria e verdade. Corresponde ao quinto elemento – o éter, ou quinta-essência. É associada à estrela-guia, ou estrela de Belém, que na noite do nascimento de Cristo serviu de guia aos três reis magos.
- *Estrela de seis pontas*: a estrela de Salomão, mais conhecida como estrela de Davi. É a união de dois triângulos. Representa a circulação da vida, pois seus dois triângulos equiláteros apontam em direções opostas, simbolizando a dinâmica da vida e a troca constante de energia entre o céu e a terra. O triângulo voltado para cima representa o fogo, e o voltado para baixo, a água. O Universo está em constante movimento, nada é estático ou imutável, e todas as coisas estão interligadas e são interdependentes. É a conexão entre o macrocosmo e o microcosmo. Alguns acreditam que a estrela de seis pontas pode ajudar a equilibrar as energias masculinas e femininas dentro de cada pessoa, unindo a mente e o corpo e trazendo harmonia ao ser. Outros a consideram um símbolo sagrado que representa a divindade ou a união entre Deus e a humanidade. Em geral, a estrela de

seis pontas é vista como um símbolo poderoso e significativo em muitas tradições e culturas.

AS IMAGENS

Uma imagem é a representação de um ser que é objeto de culto, de veneração. O ato de consagração é que atribui às imagens o seu poder mágico. Quando temos uma imagem, seja ela de madeira, barro, latão ou ouro, devemos consagrá-la. Nos rituais de umbanda e candomblé, costuma-se cruzar, ou seja, transmitir proteção tanto para as imagens como para as guias de contas que simbolizam os orixás. Os católicos costumam levar suas imagens para o padre benzer. Eu particularmente consagro as imagens em meditação. Isso é feito quando se estabelece um elo entre a imagem e o princípio sagrado do Universo. A força de uma imagem está na lembrança, no pensamento que ela acessa em nosso subconsciente. Ela nos conecta com uma rede de poder, transportando-nos para as esferas sagradas; é a firmeza do ponto.

Quem critica o uso de imagens, dizendo que elas não passam de meros objetos de barro sem nenhum poder, é incapaz de enxergar além da matéria, vendo apenas o que está à sua frente. Devemos, contudo, ser indulgentes e compreender a inaptidão dos que não conseguem enxergar além da forma física.

OS AMULETOS

No mundo inteiro são usados objetos aos quais se atribui poderes mágicos com o propósito de se obter proteção, saúde ou coisas materiais. As simpatias e os fetiches também fazem parte dos amuletos, que podem ser figas, crucifixos, patuás, talismãs, entre outros. O anel também pode ser um amuleto, como os que protegem os magos. Ainda hoje em noivados e casamentos o anel, na forma de aliança, simboliza a união. Os amuletos atuam como uma ligação entre o macro e o microcosmo. Quando confeccionados observando-se os preceitos mágicos (fase da lua, material, símbolo, intenção), os amuletos auxiliam no contato com a realidade psíquica, para refletir-se influenciando o meio físico, ou seja, a magia é plasmada no objeto.

Os brincos também são utilizados por diversos povos como adornos que favorecem a ligação espiritual. Uma curiosidade em torno de ciganos e piratas é o uso de brincos para aumentar a acuidade visual. No caso dos piratas, o brinco servia para ampliar a visão de navios à distância. A auriculopuntura, técnica que consiste na aplicação de sementes ou cristais na orelha, identifica no lóbulo da orelha um ponto relacionado à visão. Os colares, os braceletes e as tornozeleiras também podem conter o poder dos amuletos. Nos cultos africanos uma tira trançada com palha da costa (fibra de ráfia) é normalmente amarrada no braço ou no abdômen para proteção contra os espíritos desencarnados (contra-egum). Nas danças rituais é comum o uso de tornozeleiras com sinetes e chocalhos.

No xamanismo, os amuletos são encontrados na forma de máscaras, estatuetas de animais, bolsas medicinais, utensílios, pedras, plantas, ossos, penas, entre outros. Os nativos norte-americanos costumam portar uma bolsinha de talismãs, constituída de objetos que representam totens, ou guias espirituais da natureza. Essas bolsinhas podem conter dentes de animais, sementes, tabaco, pedras, cabelos ou peles. É comum serem usadas para um objetivo específico, como promover a cura, trazer abundância, sorte, sonhos, proteção contra maus espíritos e para a guerra. Esses talismãs são, geralmente, amarrados ao redor do pescoço e invocados nos momentos necessários para se obter proteção, força e coragem. Também podem ser pendurados na cintura ou colocados em ambientes. Os objetos que compõem a bolsinha devem representar a magia individual de cada pessoa. Você mesmo pode confeccionar a sua bolsa.

Confeccionando uma bolsa medicinal
- Separe objetos que possam canalizar poder (pedra, medalhas ou ervas). O ideal é que esses objetos sejam encontrados na natureza (praia, floresta ou cachoeira). Caminhando com consciência, peça ao Universo que o ajude a encontrar objetos de poder para confeccionar a sua bolsa. Você pode juntar

o que achou no caminho com algo que já tenha. Lembre que os objetos devem estar relacionados com a sua intenção. É possível também pedir objetos através de sonhos.
- Confeccione uma bolsa que permita ser aberta e fechada quando necessário.
- No seu espaço sagrado, limpe os objetos e purifique-se através da Cerimônia de limpeza e purificação (página 92) ou do Banho de defesa (página 93).
- Invoque os poderes das quatro direções e seus quatro espíritos guardiões. E consagre a bolsinha à sua intenção.

São vários os amuletos naturais usados no xamanismo, como sal grosso para proteger contra energias negativas; o alecrim, colocado debaixo do travesseiro para propiciar bons sonhos; a arruda, o tabaco, as pedras, entre outros.

- 12 -

OS ANJOS E O XAMANISMO

Na tradição judaico-cristã, os anjos são seres puramente espirituais que servem a Deus e são os mensageiros entre Ele e os homens. No mundo inteiro há relatos de pessoas que de algum modo foram tocadas pela energia angélica. Santo Agostinho afirmou que: "Cada coisa visível neste mundo está sob a responsabilidade de um anjo". Os povos nativos também narram o aparecimento de anjos, que são vistos por eles como deidades animais aladas.

Relato a seguir uma experiência pessoal que considero ter sido um contato com a energia angélica. Certa noite eu estava dormindo e me apareceu em sonho um ser esguio iluminado por fachos coloridos de luz como se cortados por uma tesoura. Ao se aproximar cada vez mais em direção a mim, ele me assustou de tal forma que acordei. Meu susto foi ainda maior quando, ao abrir os olhos, vi que a imagem ainda estava na minha frente, desfazendo-se pouco a pouco em pequenos pontos. A primeira coisa que me veio à mente foi se tratar de um contato angélico, porém eu não havia notado na imagem nenhum tipo de asa. Alguns dias depois, canalizei a canção de poder a seguir que evoca a força dos anjos.

A força dos anjos

*Eu recebi que é para invocar
proteção dos arcanjos de Deus.
Chamo os anjos lá do céu,
mensageiros de Meu Deus.*

*Eu recebi que é para invocar
proteção dos arcanjos de Deus.
Chamo os anjos lá do céu,
mensageiros de Meu Deus.*

*Peço paz pra não ter que lutar
e coragem se a luta chegar.
Defendei-me, São Miguel,
me ensine "Quem é Deus?"*

*Esperança e revelações,
amor forte no meu coração.
Dai-me amor, São Gabriel,
força e amor, "Homem de Deus".*

*Por saúde eu venho implorar
e a todos os seres de Deus.
Vem curar, São Rafael,
e eu sou "Curado por Deus".*

*"Luz de Deus", venha me abençoar,
traga luz e minha inspiração.
Transformai, São Uriel,
venha a mim, "Fogo de Deus".*

Desde a canalização desse hino, eu o tenho usado nos rituais e recomendado como invocação da energia angélica. Embora não conheça a melodia, você pode mentalizar os versos como forma de meditação. Quanto mais emoção colocar nas palavras, mais diferença notará em seu campo energético. Alguns dias após essa canalização, enquanto eu meditava no meu "quarto místico", escutei nitidamente uma voz alongada vindo do alto, ressoando como se estivesse dentro de meu cérebro, e cantando assim:

*Anael, Anael,
guardião, meu mensageiro
lá do céu.*

*Anael, a canção
que cantaste encheu de amor
meu coração.*

*Anael protetor,
peço a vós, luz, paz, saúde
e muito amor.*

*Anael, Anael,
me ajude a cumprir
o meu papel.*

A partir daquele momento, ficou evidente para mim a necessidade de realizar um estudo mais aprofundado dos anjos, e é exatamente o que estou procurando pôr em prática devagar. Assim, relato neste capítulo a pesquisa que venho realizando sobre os meios de se estabelecer contato com a energia angélica, sem a pretensão de esgotar o assunto, que conta com um vasto material de consulta, e sim de compartilhar a experiência.

ESTABELECENDO CONTATO COM O REINO ANGÉLICO

Procure um lugar tranquilo. Purifique o ambiente queimando sálvia ou outra erva. Acenda uma vela ou, caso esteja na natureza, faça uma pequena fogueira. Se possível, elimine qualquer tipo de barulho ou música. Fique em silêncio. Delimite seu espaço sagrado visualizando um círculo de proteção à sua volta. Deixe clara a sua intenção. Feche os olhos enquanto estiver concentrado. Faça lentamente três respirações, aprofundando ainda mais o relaxamento. Com os olhos ainda fechados, concentre-se olhando acima, através do centro de sua testa (terceira visão). Imagine que dos dedos dos seus pés saem raízes que vão penetrando na terra. Da mesma maneira, imagine uma raiz saindo do cóccix em direção à terra. A cada inspiração absorva a energia da terra e a cada expiração solte o estresse, as tensões. Imagine que na inspiração a energia flua pelo cóccix como um elixir branco subindo pela coluna e energizando todos os chacras. Ao sentir-se totalmente energizado pela terra, mantenha essa energia no coração. Tente perceber que seu coração bate como o toque de um tambor. Visualize pequenos filamentos de luz saindo do topo da cabeça e o conectando ao céu. Imagine raios celestiais azuis penetrando pelo topo da cabeça e espalhando-se por todo o corpo. Após sentir-se energizado com a luz celeste, traga essa energia até o coração, onde permanece a energia terrestre. Você agora vai unir no coração a energia do céu com a da terra. Tente perceber o som de sinos juntamente com o toque de um tambor. Concentre-se! Deixe sua mente tranquila para poder captar símbolos, sinais, cores etc. Manifeste sua intenção de entrar em contato com a energia angélica. Não se afobe. Preste atenção nas possíveis respostas que vêm do seu interior.

TRABALHANDO COM OS ARCANJOS

Cada arcanjo rege um dia da semana e uma virtude. Veja a seguir um modo de fazer a evocação para cada arcanjo. Primeiramente, escolha uma vela colorida para simbolizar o arcanjo e faça sua unção com óleo. Acenda a vela e um incenso ao lado de um copo d'água, preparando o equilíbrio do ambiente para o momento espiritual. Em seguida, leia o Salmo 91 de Davi e inicie o trabalho.

- *Domingo*: vela laranja, simbolizando o Sol e o arcanjo Miguel, guardião da paz e da harmonia, que traz sabedoria e nos defende do mal.
- *Segunda-feira*: vela branca, simbolizando a Lua e Gabriel, o arcanjo da esperança e da revelação. É evocado para equilibrar a vida emocional, para ajudar nos relacionamentos e para o psiquismo e a intuição.
- *Terça-feira*: vela vermelha, simbolizando Marte e Samael, o arcanjo da justiça. É evocado para se obter coragem e vitalidade.
- *Quarta-feira*: vela verde, simbolizando Rafael, o arcanjo do corpo físico e da saúde. Evocado para a cura.
- *Quinta-feira*: vela azul, simbolizando Júpiter e Zadequiel, o arcanjo da misericórdia divina, evocado para pedir perdão e perdoar.
- *Sexta-feira*: vela rosa, simbolizando Vênus e Anael, o arcanjo do amor incondicional.
- *Sábado*: vela violeta, simbolizando Saturno e os arcanjos Uriel e Metatron. Uriel é o arcanjo da transformação, o guardião da mente, evocado para questões de trabalho. Metratron é o anjo da Nova Era, o anjo libertador.

A ÁGUIA

Símbolo universal de poder, perspicácia e proteção espiritual, a águia tem sido cultuada e reverenciada por muitos povos há milênios. Figurando em brasões de exércitos e estandartes de reis e líderes, é incontestável sua força imagética no inconsciente coletivo da humanidade. Por ser uma ave de grande porte e acuidade visual, ela simboliza grandeza, clarividência e outras virtudes.

No xamanismo, a medicina da águia é muito poderosa, por voar acima das nuvens da ignorância humana, ela nos ajuda a superar os limites deste mundo e a alcançar outros reinos. Os povos das florestas encontram na águia a coragem, a resistência e a força para enfrentar os desafios mais difíceis. Curandeiros e xamãs usam suas penas como um importante instrumento de poder curativo. A medicina da águia auxilia no desenvolvimento de poderes xamânicos através da viagem para mundos alternativos. Invocando seu poder somos capazes de voar velozmente e atingir as grandes alturas espirituais, reino onde todas as coisas são possíveis.

Por ser um animal solar e celestial, a águia é associada ao Pai Céu e ao sagrado poder solar da transcendência. Pelos olhos da águia podemos ter a visão da luz solar que ilumina a verdade nas trevas da ilusão. Essa visão clara nos permite ver à distância, e através dela somos capazes de enxergar a nossa própria vida, livres de preconceitos e preocupações. A visão da águia nos permite ver além do limite dos detalhes, a enxergar com nitidez o que de fato é importante, desenvolvendo assim o nosso espírito. Ela nos ensina a ampliar a autopercepção para além dos horizontes visíveis e a enfrentar o medo do desconhecido.

Os nativos norte-americanos associam a águia à força de *Wabun* (espírito guardião da direção leste). *Wabun* tem o poder dos novos começos, marca o renascimento, fazendo a pessoa ver mais claramente, com perspectivas mais amplas. É o pássaro mensageiro do Grande Espírito, que leva as mensagens dos homens para o Criador. No cristianismo a águia é a mensageira celestial, simbolizando a subida das orações a Deus e a descida da graça divina aos mortais. Na alquimia, é o símbolo da volatilização. Na maçonaria simboliza a audácia. Segundo os hindus, a águia nos trouxe a bebida sacramental soma. No antigo Egito ela figurava como emblema real no peito dos faraós lhes assegurando poder. Era também *AH** e consagrada ao deus Hórus. Entre os gregos e os persas,

---

* AH pode ser uma referência ao deus egípcio Hórus, cujo nome em hieróglifos começa com a letra A e a letra H.

a águia era consagrada ao Sol. Os gregos a viam como o emblema sagrado de Zeus, supremo deus do Olimpo. A águia é considerada também um leão alado, pois ambos estão associados ao Sol e ao fogo.

Novo horizonte
(Hino canalizado)

> *Sol, Lua, estrela,*
> *céu, terra e mar.*
> *Novo horizonte*
> *quero alcançar.*
>
> *Ó Pai Divino!*
> *Ó Criador!*
> *Sou teu guerreiro,*
> *luto com amor.*
>
> *Rei, dá a força*
> *que me conduz*
> *e da rainha*
> *recebo luz.*
>
> *Eu vou seguindo*
> *meu caminhar.*
> *Águia dourada,*
> *vem me guiar.*

*Voa, Águia,
no céu sem-fim.
Asas divinas
eu sinto em mim.*

POSFÁCIO

Xamanismo Universal
O xamanismo pode ser dividido em duas escolas: o xamanismo *tradicional*, que segue as tradições nativas, e o *neoxamanismo*, que mescla a essência do xamanismo com práticas integrativas de diferentes linhas, em uma realidade urbana. O movimento XAMANISMO UNIVERSAL surgiu na virada do terceiro milênio como uma corrente de pensamento neoxamânica que visa resgatar os saberes indígenas tradicionais sobretudo quanto ao uso das plantas sagradas como veículo para a cura física e espiritual.

Tudo é sagrado, e o entendimento disso nos permite estar unificados na corrente universal da paz e da saúde do corpo e da mente. O Xamanismo Universal preconiza o conceito de "alimento medicina". Para nós, alimento é medicina. Seria incoerente um curador fazer rezas, indicar ervas medicinais sem orientar seus pacientes sobre uma alimentação saudável, que contribua para o aumento da imunidade às doenças e purifique o corpo da intoxicação dos tempos modernos.

Respeitamos todos os sistemas de crença que praticam o bem, o amor, a verdade e a justiça, acreditamos na existência de um poder superior que permeia todos os acontecimentos na Mãe Terra. Deus criou o mundo em sete dias, mas a "obra da Criação" perpetua-se por meio do homem. A cada dia estamos criando um mundo novo através da cadeia de pensamentos, palavras e atos. O que fizermos à Terra faremos a nós mesmos e aos nossos filhos. Respeitar a Terra é respeitar o seu Criador. Que essa corrente de consciência se expanda cada vez mais para influenciar os líderes e governantes deste planeta.

Nossa orientação filosófica é a busca da consciência crística e a eliminação de carmas através do ato do perdão ao próximo. Quando não perdoamos o outro aprisionamos parte de sua alma dentro de nós, ocupamos o nosso subconsciente com sentimentos indesejáveis que nos impedem de estar em ressonância harmônica, e assim criamos mais carma. Com a prática do perdão, conseguimos também nos perdoar, nos livrar de culpas e preparar a nossa mente para ser invulnerável à provocação alheia.

A magia está dentro de nós. A busca interior nos ajuda a compreender os processos que retardam a nossa caminhada e a efetuar as transformações necessárias para seguir no caminho da beleza. Mais importante que a prática é viver em ritual e ter consciência de tudo o que empreendemos. É necessário ter a certeza de que nossos passos são na direção do amor, da paz e da luz tanto para nós como para a humanidade e toda a Criação.

Parte das conquistas promovidas pelo Xamanismo Universal foi a realização do *Encontro Brasileiro de Xamanismo* com o apoio de vários irmãos do caminho. O encontro aconteceu em São Paulo, em março de 2005, e contribuiu para a revitalização das práticas xamânicas por séculos ignoradas, além de revelar o interesse crescente pelo xamanismo em nossa sociedade. O principal legado deixado pelo encontro foi a possibilidade de unir a diversidade das linhas em um único movimento em prol de um mundo melhor. Nos encontros realizados posteriormente foram reunidas diferentes tradições, como neoxamanistas, cientistas, artistas e espiritualistas em geral.

CENTRO DE ESTUDOS XAMÂNICOS
No *Centro de Estudos Xamanismo Voo da Águia*, a roda medicinal da vida do aluno é feita de acordo com as energias de cada estação do ano, como a semente que cai na terra no outono e no meio do verão gera frutos.

JORNADAS XAMÂNICAS
Celebram o calendário sagrado (ritos sazonais) de acordo com as oito estações do ano (primavera, fertilização, verão, primeira colheita, outono, última colheita, inverno e germinação). Nas jornadas, o participante se vê como parte de algo maior, de uma "Terra viva" que respira. O objetivo das jornadas xamânicas é vivenciar as diferentes energias da roda medicinal em uma única noite.

FESTIVAIS XAMÂNICOS
Os festivais ancestrais celebravam as transformações ocorridas na natureza. Em datas determinadas, os festivais solares comemoram a relação da Terra com o Sol e com seus aspectos instintivos, místicos e filosóficos. Os *festivais do fogo* acontecem em datas fixas, marcando os pontos intermediários entre os solstícios e os equinócios.

ENCONTRO BRASILEIRO DE XAMANISMO (EBX)
O *Encontro da Nova Consciência* foi realizado no Brasil, em Campina Grande (PB), e em diversos países das Américas e da Europa, através do *Xamanismo sem Fronteiras*, movimento que se desdobrou na construção da IAUSH (*International Alliance of Universal Shamanism* [Aliança Internacional do Xamanismo Universal]), aliança formada pelos condutores e organizadores dos países que compõem esta rede de amizade e amor.

VIRADA MUSICAL XAMÂNICA (VMX)
O xamanismo usa canções e sons para evocar espíritos guardiões e de cura, para intensificar a energia, alterar o estado de consciência e proporcionar visões. A melodia, o ritmo e as palavras estabelecem a comunicação com o sagrado, liberando de forma espontânea a energia para curar e expandir a consciência.

Em 2017 foi idealizada a *Virada Musical Xamânica* (VMX), ambiente propício que reúne praticantes e estudiosos do xamanismo com o objetivo de restabelecer a conexão direta entre a natureza e a música através de uma viagem musical com diversos ritmos e instrumentos, como chocalhos e tambores, propiciando um vasto panorama de sonoridades curativas de várias tradições.

O sagrado
(Canalizado pelo autor)

*Pra iluminar nosso caminho
é preciso ir buscar
a Deus do céu, que É soberano,
Eterna Fonte Criadora,
a pura luz do Amor Divino
que está dentro de nós.*

*Saber que existe uma família
no mundo celestial,
que a Terra é a nossa mãe
que nos nutre e nos sustenta,
que nos recebe a cada vida
e acolhe a carne em cada morte.
Fazemos parte da família
da verdade universal:
tem o Avô Sol e Avó Lua,
o oceano e florestas,
montanhas, rios e cachoeiras,
a todos devemos honrar.*

*Toda forma de beleza
é preciso respeitar.
Em todas as formas de vida,
em cada uma há uma missão,
e todas juntas formam o Todo,
todas as nossas relações.*

*O importante na missão
é saber quem você é,
por que você está aqui,
aonde você tem que ir,
agora mesmo onde está,
e o que precisa pra chegar.*

*Eis o caminho sagrado
que quero lhe apresentar.
Saiba que tudo é sagrado
onde há vida está Deus.
Desde um inseto ou rastejante
até os queridos seus.*

*O vento, a água, a terra e o fogo
eu venho agora invocar.
O vento traz sabedoria,
na água fluem as emoções,
a terra dá a intuição,
o fogo, luz espiritual.*

Força do raio e trovão
no firmamento a anunciar
que o poder está em nós.
Poder pra tudo transformar.
Pra conhecer este poder
é preciso se ligar.

Se ligar com seu espírito,
sua essência divinal.
Saber que existe um coletivo,
uma mente universal,
purificando o pensamento,
não pensando nenhum mal.

Eu tenho a força, eu sinto a força
dentro deste ritual.
E a esta força eu agradeço
e a este mundo do astral.
E a vós eu mando meu amor,
que é minha força principal.

Dou viva a Deus-Pai-Mãe e Filho,
viva, irmão, minha irmã.
Dou viva a todos os três reinos:
o animal e o mineral,
o vegetal e a mim mesmo,
seres do reino elemental.

GLOSSÁRIO

Alfa › Estado profundo de relaxamento que o ser humano é capaz de alcançar de forma consciente.
Aliado totem › Animal de poder.
Alma › Princípio vital, sopro de vida de todo animal. O ego que se desenvolve através da evolução. O elo entre o espírito divino do homem e sua personalidade inferior. A alma pode ser vista como a parte individualizada do espírito que se manifesta através da personalidade e das experiências humanas.
Amagat › Espírito protetor dos Iacutos, povo nativo da Sibéria oriental.
Angakok › Velho xamã. Segundo os esquimós, é o responsável pela iniciação dos futuros xamãs.
Anhangá › Deus da caça na mitologia tupi, representado por um veado branco com olhos de fogo que protege os animais, sobretudo os mais indefesos, de caçadores ou pescadores inescrupulosos.
Anima mundi › Alma do mundo. É o princípio divino que penetra e anima os elementos materiais do universo e as almas humanas.

Anima › Palavra latina que significa "alma". Na psicologia é a parte da psique em contato com o inconsciente.

Arquétipo › Símbolo do inconsciente. Impressões antigas da mente. Herança dos padrões de comportamento universal contidos no inconsciente coletivo. É através da linguagem arquetípica que religiões, seitas, terapias, entre outros, estabelecem contato.

Art-Toion-Aga › Divindade siberiana relacionada ao Sol, que reside nas nove esferas do céu.

Árvore do mundo › Por onde se estabelece a ligação da terra com o céu. Complementa o simbolismo da Montanha Cósmica. É o lugar onde os xamãs comunicam-se com as três zonas cósmicas.

Atman › Palavra sânscrita para "alma", "espírito universal" ou "alma suprema".

Aumakua › Eu superior para os Kahunas. Na mitologia havaiana é um membro ancestral da família que assume a forma divinizada de um animal ou objeto.

Aura › Essência sutil que emana de tudo o que tem vida.

Axis mundi › Ver *Centro do Mundo*.

Barca dos espíritos › Embarcação que conduz as almas dos mortos para o além.

Beta › Estado ordinário de consciência, quando o ser humano está ativo e alerta.

Big bang › Explosão cósmica que deu origem à criação do Universo, quando foi gerada toda a matéria existente.

Bodhi › Palavra sânscrita para "iluminação".

Bodhisattva › Aquele que atingiu a consciência da imortalidade por meio de sua participação voluntária no sofrimento do mundo.

Boitatá › Na mitologia tupi é uma cobra de fogo ou de luz com dois grandes olhos que protege os campos contra incêndios.

Boiúna › Cobra d'água na mitologia ameríndia, simbolizada por uma enorme serpente que devora os poluidores de rios.

Brujo › Correspondente mexicano do xamã.

Bügã (*Kami*) › Correspondente mongol do xamã.

Caipora › Na mitologia tupi é uma entidade fantástica associada às matas e florestas e aos animais de caça, aterroriza as pessoas, podendo trazer má sorte e até causar a morte.

Caminho sagrado › Caminho da vida equilibrada. De dar, receber e honrar toda a Criação.

Carma (*karma*) › Lei da causalidade moral das seitas esotéricas e religiões espíritas ocidentais, conhecida como lei de causa e efeito.

Catimbó › Culto de feitiçaria que combina a magia branca europeia com elementos negros, ameríndios e católicos.

Centro do Mundo › O termo vem da expressão latina "axis mundi" que também significa "pilar do mundo". É um símbolo universal que atravessa diversas culturas representando o ponto de correspondência entre os reinos superiores e inferiores, entre o céu e a terra. É onde está a Montanha Cósmica, residência da Árvore Cósmica e do Senhor Universal.

Chanupa › Cachimbo sagrado usado pelo povo Lakota Sioux dos Estados Unidos.

Chi (ou Qi) › Energia vital. Na cultura tradicional chinesa é a energia que circula pelos canais chamados meridianos.

Consciência cósmica › Ver *samadhi*.

Consciência › Reflexão do mundo psíquico. Conhecimento ou sentimento que permite ao ser humano vivenciar e compreender aspectos ou a totalidade de seu mundo interior.

Dança dos fantasmas › Movimento religioso do século XIX que pregava a regeneração universal, em que todos os nativos, vivos ou mortos, eram chamados para viver numa "terra regenerada".

Darma (dharma) › No hinduísmo é a lei que rege a conduta individual, impondo a ordem legal e a virtude moral, pregando a aceitação de um dever e o cumprimento dele.

Dto-mba › Correspondente chinês do xamã.

Duas pernas › Classificação para "ser humano" segundo os povos ameríndios dos Estados Unidos.

Ego › Núcleo da personalidade de uma pessoa. Princípio que determina o reconhecimento do *eu* separado da mãe e do mundo. Responsável pela nossa identidade pessoal, percepção do corpo e existência.

Equinócio › Momento em que o Sol, em seu movimento anual aparente, corta o equador celeste, fazendo com que o dia e a noite tenham duração igual.

Eruncha › Na mitologia australiana, demônios que transformam pessoas em curandeiros. Em alguns relatos, porém, é dito que os eruncha comem curandeiros.

Esqueleto › Simboliza a "casa das almas", a iniciação, a morte e o renascimento. É o arquétipo do xamã.

Estrada azul › Representa os "rumos espirituais" para os povos ameríndios dos Estados Unidos.

Estrada vermelha › Representa os "rumos físicos" para os povos ameríndios dos Estados Unidos.

Estrela do amanhecer › Corresponde à deusa Vênus, ou Anpo Wie, para os povos ameríndios dos Estados Unidos.

Êxtase › No aspecto religioso é a própria união com Deus, a sensação de totalidade. Estado de exaltação mística ou sensação intensa de alegria e prazer acompanhado de visões deslumbrantes, em que a paz invade a existência.

Fio aka › Fio de conexão da substância do corpo sombreado (*Kino aka*). Nele pode transitar a força vital (*mana*). É empregado no escoamento dessa força através de formas-pensamento, orações, preces para a cura etc.

Forma-pensamento › Segundo a teosofia, formas-pensamento, ou *tulpa*, são criações mentais de um objeto ou ser, através de poderes espirituais ou mentais, utilizando a matéria fluídica ou astral para compor as características de acordo com a natureza do pensamento.

Gaia › Na mitologia grega é a Mãe Terra, elemento primordial e latente de uma potencialidade geradora imensa. A Terra como um organismo vivo.

Grande Dia da Purificação › Período de purificação da Terra que, segundo o calendário maia, seria entre os anos 1927 e 2011. Representa o ciclo de cura da humanidade.

Grande Mãe dos Animais › Entidade do xamanismo siberiano responsável pelos espíritos dos animais.

Grande Mistério › A fonte original da Criação para os ameríndios dos Estados Unidos.

Guaraci › Na mitologia Tupi é a divindade do Sol.

Heyoka › É uma espécie de palhaço sagrado na cultura do povo Lakota Sioux da América do Norte. É o que se move e reage de maneira oposta às pessoas ao seu redor. Lembra o absurdo do comportamento humano, é o contrário do grito de guerra *Hoka-hey*.

Homem-medicina › Feiticeiro ou mago. O correspondente norte-americano do xamã.

Hula kapu › Dança sagrada dos Kahunas, xamãs havaianos, para promover a iluminação, a consciência cósmica e a clareza interior.

Iara › No folclore indígena é a sereia protetora dos peixes. Seu nome significa "aquela que mora nas águas". É conhecida por seduzir os homens nas margens dos rios e levá-los para o fundo d'água.

Inconsciente coletivo › Reservatório de imagens latentes chamadas arquétipos, que cada um herda de seus ancestrais e que está na memória coletiva. É a parte da psique que retém e transmite o conhecimento e as experiências humanas.

Inconsciente pessoal › Reservatório de imagens esquecidas ou reprimidas que já foram conscientes, porém por não serem suportadas pelo ego são transferidas da consciência para o inconsciente pessoal.

Invocação › Ato de pedir proteção ou poder valendo-se de formas e palavras.

Iruntarínia › Espíritos segundo os curandeiros australianos.

Jaci › Na teogonia dos povos Tupi é a Lua, a mãe dos vegetais.

Jurema › Entidade dos cultos de umbanda e do catimbó. Governa as ervas mágicas, é a Senhora das Folhas. Corresponde ao orixá Oçânhim no candomblé.

Kahuna › Correspondente havaiano do xamã. A palavra significa "guardião dos segredos".

Kam › Correspondente turco-tártaro do xamã.

Khubilgan › Animal ou pássaro que protege o xamã, entre os povos nativos da Sibéria. Seu nome pode significar "mudar a si mesmo" ou "assumir outra forma".

Kino Aka › Corpo etérico para os Kahunas.

Kiva › Câmara cerimonial subterrânea do povo Hopi dos Estados Unidos.

Kokopelli › Divindade tolteca que tocava sua flauta para trazer fertilidade à terra, é conhecida por auxiliar na agricultura e no parto. O mito é reconhecido por vários grupos nativos na região sudoeste dos Estados Unidos.

Kukulkán › Versão maia da divindade asteca Quetzalcóatl. Segundo os maias "*kukul*" significa "sagrado ou divino" e "*kan*", "serpente". Corresponde à kundalini.

Kundalini › Poder primordial ou energia cósmica que se encontra adormecida acima do *muladhara*, o primeiro chakra, ou seja, no osso situado na base da coluna vertebral.

Ina Maka › Correspondente à Mãe Terra para os ameríndios.

Logos › Reino divino. No gnosticismo é a inteligência ativa, transformadora e ordenadora de Deus em sua ação sobre a realidade.

Lugar de poder › Local de alta concentração energética.

Maka › Terra ou chão para o povo Lakota Sioux dos Estados Unidos.

Mana › Poder divino para os Kahunas.

Matinta Perera › Personagem do folclore da região Norte do Brasil. Trata-se de uma bruxa velha que à noite se transforma em um pássaro agourento e pousa no telhado das casas, onde fica assobiando até que os moradores lhe ofereçam alimentos em troca de silêncio.

Maya › Termo sânscrito para "ilusão", ou a causa da ilusão.

Mitakuye Oyasin › Mantra do povo Lakota Sioux que significa "Por todas as nossas relações", usado em diversos rituais para honrar a nossa relação com tudo o que existe.

Mito › Relato simbólico transmitido de geração em geração que explica a origem de determinado fenômeno, divindade ou ser vivo. Os mitos são, segundo Joseph Campbell, metáforas da potencialidade do ser humano. Eles abrem o mundo para a consciência do mistério.

Moksha › Termo sânscrito que significa "libertação". Referindo à libertação do ciclo do renascimento e da morte e à iluminação espiritual, ou nirvana.

Montanha Cósmica › Imagem simbólica do cosmos. O Centro do Mundo.

Mulher búfalo branco › Divindade que passou os sete ritos do cachimbo sagrado aos nativos Lakota Sioux.

Mundo astral › Além do mundo físico. Transe que pode ser atingido em estado alterado de consciência.

Nagual › Espírito guardião dos mundos paralelos, animal de poder.

Nirvana › Ver *samadhi*.

Pahu › Tambor utilizado nos rituais dos Kahunas, é feito de madeira e pele de tubarão.

Pajé › Nas sociedades tribais ameríndias tupi-guarani, é o indivíduo responsável pela condução do ritualismo mágico, e a quem se atribui a autoridade xamanística de invocar e controlar os espíritos, o que confere à sua ação encantatória poderes oraculares, vaticinantes e curativos.

Pejuta › Palavra do povo Lakota Sioux que significa "medicina" ou "remédio".

Pejuta Wichasha › Xamã nativo norte-americano.

Pele › Para os Kahunas é a deusa que habita o vulcão Kilauea, localizado no Havaí.

Pilar do Mundo › Ver *Centro do Mundo*.

Porta dourada › Local de iluminação e da expansão da consciência segundo os ameríndios.

Povo Alado › Segundo os ameríndios é toda criatura que voa, como os insetos, os pássaros e os morcegos.

Povo Pedra › São as pedras, os cristais. Segundo os ameríndios, o Povo Pedra conserva a energia da terra e contém os registros de tudo que ocorreu em um determinado lugar.

Povo em Pé › São as árvores, consideradas pelos ameríndios os chefes do reino das plantas, fornecem o oxigênio aos filhos da terra.

Povo Peixe › Segundo os ameríndios são todas as criaturas que vivem nas águas.

Pow-wow › Reunião de tribos nativas norte-americanas em que se festeja e compartilha conhecimentos, técnicas de artesanato, medicina, jogos, danças etc.

Psicodélico › Termo que vem do grego *psykhé* ("mente, alma") + *delos* ("visível, claro, manifesto") significando "mente manifestada".

Psique › Alma, espírito ou mente. A totalidade dos processos psíquicos conscientes e inconscientes.

Quamanec › Para os esquimós é a faculdade mística em que o mestre entra em contato com o espírito da Lua.

Quatro pernas › Classificação para "quadrúpedes" segundo os ameríndios.

Quetzalcóatl › Divindade dos povos astecas e toltecas, representada por uma serpente emplumada. Corresponde à kundalini.

Rito de iniciação › Geralmente marcado pela morte simbólica para um posterior renascimento.

Rito de purificação › Ritual de limpeza astral, essencial antes da sessão xamânica.

Samadhi › Estado de consciência expandido. Pode ser experimentado com o uso de plantas de poder, hipnose ou práticas meditativas. É a consciência cósmica. Experiência místico-religiosa na qual nos encontramos com a nossa divindade.

Saman › Termo tungue siberiano que deu origem à palavra "xamã".

Satori › Ver *samadhi*.

Self › O sentimento difuso da unidade da personalidade (suas atitudes e predisposições de comportamento). É o princípio unificador da psique.

Solstício › Cada uma das duas datas do ano em que o Sol atinge o maior grau de afastamento angular do Equador, no seu aparente movimento no céu, e que são 21 ou 23 de junho (solstício de inverno no hemisfério sul e de verão, no hemisfério norte) e 21 ou 23 de dezembro (solstício de verão no hemisfério sul e de inverno, no hemisfério norte).

Soma › Néctar lunar. É também a bebida sagrada dos hindus, feita com a seiva fermentada de uma trepadeira do Himalaia, usada para se atingir o *samadhi*. É o símbolo da sabedoria secreta.

Sombra › Aspectos de nossa personalidade que tememos ou rejeitamos, geralmente os identificamos nas outras pessoas sem nos dar conta que fazem parte de nós mesmos.

Sundance › Dança do Sol. Um dos ritos sagrados do povo Lakota Sioux de sacrifício em que o praticante tem o músculo peitoral perfurado, transpassado por um bastão de cerejeira, sendo atado a uma árvore.

Supra consciência › Nível supremo da consciência cósmica.

Terapia transpessoal › Terapia especializada em estados alterados de consciência, lida com a experiência cósmica.

Ti (*Cordyline terminalis*) › Planta sagrada para os Kahunas.

Tonal › É o aspecto manifestado na matéria, ou seja, tudo aquilo que pode ser percebido pelos nossos sentidos físicos e que tem uma existência concreta. Ele é composto de nossas memórias, pensamentos, emoções e sensações físicas, que estão sempre em constante mudança e transformação.

Transe › Estado alterado de consciência. Podendo ser alcançado também através da incorporação, que é o transe mediúnico.

Tupã › Na mitologia Tupi, divindade primordial. Senhor do raio e do trovão.

Uhane › Eu médio, a mente racional para os Kahunas.

Unihipili › Eu básico, o subconsciente para os Kahunas.

Utcha › Espírito dos antepassados segundo os povos siberianos.
Wakan › Santo ou sagrado, segundo os ameríndios.
Wakan Tanka › Grande Espírito, ou Grande Mistério, segundo os povos ameríndios.
Yé-Kyla › Animal-mãe para os Iacutos, povo que habita a República Autônoma da Iacútia, na Sibéria oriental.

SOBRE O AUTOR

Léo Artese é estudioso e praticante de xamanismo há mais de três décadas. Promove jornadas, vivências e oficinas de prática xamânica no Brasil e em outros países. É o precursor do movimento Xamanismo Universal, que visa resgatar os saberes indígenas tradicionais, sobretudo quanto ao uso das plantas sagradas como veículo para a cura física e espiritual. Integram-se ao seu movimento o xamã Mateo Arévalo, nativo Shipibo, líder da comunidade de San Francisco de Pucallpa, no Peru, e Agustin, curandeiro e estudioso do cacto São Pedro, que conduz experiências xamânicas na floresta peruana. É orientado pelo xamã norte-americano Coiote em Pé nas cerimônias da Tenda do Suor e do Cachimbo Sagrado, recebendo as bênçãos e sendo reconhecido como "Novo Guerreiro" e legítimo representante brasileiro dessas cerimônias. É fundador e diretor do Centro de Estudos de Xamanismo Voo da Águia e do Centro Eclético da Fluente Luz Universal Céu da Lua Cheia. É o criador do portal www.xamanismo.com.br.

BIBLIOGRAFIA

ABRAHAM, Ralph; MCKENNA, Terence; SHELDRAKE, Rupert. *Caos, criatividade e o retomo do sagrado*. São Paulo, Cultrix-Pensamento, 1992.

ADOUM, Jorge (Mago Jefa). *Rasgando véus: Iniciação ao mundo interior segundo o apocalipse de São João*. São Paulo, Pensamento, 1993.

ALVARENGA, Alex Polari de. *O guia da floresta*. Rio de Janeiro, Nova Era, 1992.

ATWOOD, Mary Dean. *Spirit Healing: How to Make Your Life Work*. Nova York, Sterling Ethos, 2017.

BARRETT, Francis. *Magus: Tratado completo de alquimia e filosofia oculta*. Rio de Janeiro, Mercuryo, 1994.

BEAR, Sun; WIND, Wabun Marlise. *The Medicine Wheel*. Nova York, Fireside Book, 1980.

BLAVATSKY, Helena P. *Síntese da Doutrina Secreta*. (Introdução, tradução e seleção de textos de Cordélia Alvarenga de Figueiredo). São Paulo, Pensamento, 1992.

CAMPBELL, Joseph. *As máscaras de Deus: mitologia oriental*. São Paulo, Palas Athena, 1992.

CARAN, Maly. *Erva Viva: apostila*. São Francisco Xavier, Edição do autor, 1990.

CAREY, Ken. O retomo das tribos-pássaro. São Paulo, Cultrix-Pensamento, 1988.

DOLFYN; WOLF, Swimming. *Shamanic Wisdom II*. Massachusetts, Earthspirit, 1993.

ELIADE, Mircea. *El Chamanismo y las Técnicas Arcaicas del Éxtasis*. México, Fondo de Cultura Económica, 1986.

FREITAS, Byron Tôrres de; FREITAS, Vladimir Cardoso de. Os orixás e o candomblé. Rio de Janeiro, Eco, 1967.

GILL, Sam D.; SULLIVAN, Irene F. *Dictionary of Native American Mithology*. Oxford, Oxford University Press, 1992.

HARNER, Michael. *O caminho do xamã*. São Paulo, Cultrix, 1982.

HAUSMAN, Gerald. *Meditations with Animais: a Native American Bestiary*. Santa Fé, Bear&Company, 1986.

KALWEIT, Holger. *Ensoñación y Espacio Interior: El Mundo del Chamán*. Madri, Equipo Difusor del Libro, 1992.

LEVI, Carminha; MACHADO, Alvaro. *A sabedoria dos animais: Viagens xamânicas e mitologias*. São Paulo, Opera Prima (Ground Editorial), 1995.
LÉVI, Éliphas. *Dogma e ritual da alta magia*. São Paulo, Pensamento, 1993.
LOIBL, Elizabeth. *Deuses animais*. São Paulo, Círculo do Livro, 1992.
MEADOWS, Kenneth. *The Medicine Way*. Dorset, Element Books, 1990.
MERCIER, Mario. *Iniciação ao xamanismo e à magia natural*. São Paulo, Cultrix-Pensamento, 1993.
MONTAL, Alix de. *O xamanismo*. São Paulo, Martins Fontes, 1986.
NEGRO, Alce; BROWN, J.E. *La Pipa Sagrada: Siete ritos secretos de los indios sioux*. Madri, Taurus, 1980.
RUTHERFORD, Ward. *Chamanismo: Los fundamentos de la magia*. Madri, Editorial EDAF, S. A., 1989.
SAMS, Jamie; CARSON, David. *Medicine Cards*. Santa Fé, Bear&Company, 1988.

SAMS, Jamie. *The Sacred Path Cards*. São Francisco, HarperCollins, 1990.

SANGIRARDI JR. *O índio e as plantas alucinógenas*. Rio de Janeiro, Ediouro, 1989.

SILVA, Vagner Gonçalves da. *Candomblé e umbanda: Caminhos da devoção brasileira*. São Paulo, Ativa, 1994.

STEVENS, Jose; STEVENS, Lena S. *Os segredos do xamanismo*. Rio de Janeiro, Objetiva, 1988.

TIMMS, Moira. *Além das profecias e previsões*. Rio de Janeiro, BestSeller, 1994.

VARELA, Marisa. *Iniciação inka*. Rio de Janeiro, Nova Fronteira, 1993.

WEOR, Samael Aun. *Tratado esotérico de endocrinologia*. São Paulo, Sol Nascente, 1985.

Copyright © 2023 Léo Artese

1ª edição [1996]
2ª edição [2000]
3ª edição [2023] atualizada

Direitos de edição da obra em língua portuguesa cedidos à Ajna Editora Ltda. Todos os direitos reservados. Nenhuma parte desta obra poderá ser reproduzida ou transmitida de nenhuma forma ou por nenhum meio sem a permissão expressa e por escrito dos editores.

Grafia conforme o novo Acordo Ortográfico da Língua Portuguesa.

EDITORES Lilian Dionysia e Giovani das Graças
PREPARAÇÃO Lucimara Leal
REVISÃO Heloisa Spaulonsi Dionysia
DIAGRAMAÇÃO Estúdio Insólito
CAPA Tereza Bettinardi
ILUSTRAÇÃO DA CAPA Wagner Willian

2023
Todos os direitos desta edição
reservados à AJNA EDITORA LTDA.
ajnaeditora.com.br

Dados Internacionais de Catalogação na Publicação (CIP)
(Câmara Brasileira do Livro, SP, Brasil)

Artese, Léo
O voo da águia : uma iniciação aos mistérios e à magia
do xamanismo / Léo Artese – 3. ed. – São Paulo : Ajna
Editora, 2023.

ISBN 978-65-89732-23-5

1. Ciências ocultas 2. Animais - Aspectos simbólicos
3. Espiritualidade 4. Magia - Esoterismo
5. Xamanismo I. Título.

23-162893   CDD-133.8

Índices para catálogo sistemático:
1. Xamanismo : Ocultismo 133.8

Terceira edição [2023]

Esta obra foi composta
em Antwerp e impressa pela
Ipsis para a Ajna Editora.